W0086529

hänssler

Harry Müller

Schwierigkeiten sind Möglichkeiten

Wie man aus Stolpersteinen Bausteine macht

meiner mutter gewidmet
die mit der letzten schwierigkeit ihres lebens
so vorbildlich umgegangen ist

Die Deutsche Bibliothek — CIP-Einheitsaufnahme
Müller, Harry:
Schwierigkeiten sind Möglichkeiten : wie man aus Stolpersteinen
Bausteine macht / Harry Müller — Neuhausen-Stuttgart : Hänssler,
1992
   (Edition C : T, Taschenbuch ; 279)
   ISBN 3-7751-1714-8
NE: Edition C / T

Edition C-Taschenbuch T 279
Bestell-Nr. 56.879
© Copyright 1992 by Hänssler-Verlag, Neuhausen-Stuttgart
Titelgrafik: Friedel Steinmann
Umschlaggestaltung: Daniel Dolmetsch
Satz: AbSatz Ewert-Mohr
Printed in Germany

Anerkennung und Dank

Ein Buch ist nie nur das Werk des Autors. Ich bin den folgenden Personen zu Dank verpflichtet:

* Dr. Friedemann Lux, meinem Lektor und Freund vom Hänssler-Verlag, für seinen kompetenten Rat und alle redaktionelle Hilfe
* Prof. Dr. Michael Dieterich, für seine Ermutigung und sein Vorwort
* Dave Dean, aus Dallas, Texas, der mir zu einem Laptop-Computer verholfen und dadurch viel Zeit erspart hat
* Dem Denver Seminary in Denver, Colorado, für den freien Zugang zur Bibliothek der theologischen Fakultät
* Jane Wirz, meiner Sekretärin, für ihre unermüdliche Unterstützung
* Paul Gisler, Daniel Lindauer und Urs Schadegg für die Lektüre des Manuskripts und den aufmerksamen Kommentar
* Besonders danken möchte ich Joanne, meiner Frau. Ihr Feedback und ihre Überzeugung von dem Buch, noch bevor es Gestalt angenommen hatte, waren mir ein unschätzbarer Ansporn.

Auf einen Blick

Vorwort

Wie man mit Streß um- und gegen Entmutigung angeht, Versuchungen überwinden und Depressionen ins Angesicht schauen kann, wie man einerseits zur inneren Ruhe findet und andererseits mit dem Zorn umgeht, mit der Einsamkeit fertig wird, Krisen bewältigt und die »warum-Frage« lösen kann — darüber sind schon viele Bücher geschrieben worden. Soll da ein schmales Bändchen tatsächlich neues bringen?

Wer nach Literatur zu den genannten Fragen und Problemen sucht, wird viele Bände zusammentragen können. Aber alles muß ja auch gelesen und verarbeitet werden. Harry Müller geht hier einen konsequenten Weg: Weil er die Probleme aus der Praxis seiner Gemeinde kennt und deshalb weiß, daß zumeist schnelle Hilfe notwendig ist, daß man in vielen Fällen sofort und ohne lange Umwege helfen muß, hat er dieses Buch geschrieben. Kritiker werden sagen, daß da und dort manches fehlt; sie werden Ergänzungsvorschläge bringen und Nachbesserungen verlangen. Aber damit wäre die eigentliche Aufgabe verfehlt: Dem Menschen unserer Tage in seiner Sprache, d. h. kurz und prägnant, Hilfestellungen anzubieten. Konsequent hat der Autor auch den Stil unserer Tage getroffen: Hilfestellungen, Fragebögen, »Hausaufgaben« sind das, was zum modernen Stil gehört.

Weil die Bibel den Menschen unserer Tage immer noch ihr volles Angebot zur Befreiung macht und im weisheitlichen Sinne auch zu ganz praktischen Fragestellungen Antworten gibt, kann man sich ganz auf das Wort Gottes verlassen. Harry Müller tut dies durchgängig und zeigt damit, daß sich psychologische und geistliche Dimensionen des Menschseins harmonisch miteinander verbinden lassen.

Ich bin dankbar, daß er durch sein neues Buch einen Beitrag zum großen Aufgabenfeld der biblisch-therapeutischen Seelsorge geleistet hat und wünsche dem Leser viel Segen für sich selbst — und den Mut, die gewonnenen Erkenntnisse konsequent auch bei anderen anzuwenden.

Prof. Dr. Michael Dieterich
März 1992

Wie kann ich Streß bewältigen?

Der Herr hat mir geantwortet:
»Ich sage dir, was du tun sollst,
und zeige dir den richtigen Weg.
Ich lasse dich nicht aus den Augen.«
Sei doch nicht unverständig wie ein Maultier oder
Pferd,
das man mit Zaum und Zügel lenken muß!

Dann wird dir nichts geschehen.
Wer Gottes Gebote mißachtet,
der schafft sich viel Kummer;
wer aber dem Herrn vertraut,
der wird seine Güte erfahren.
Ihr, die ihr dem Herrn gehorcht,
freut euch und jubelt über ihn!
Wer zu ihm hält, der soll vor Freude singen!
(Psalm 32,8-11)

Viele von uns sind mit hektischen Terminkalendern belastet. Wir essen aufgetaute Menüs, schlafen zu wenig und schauen zuviel fern. Wir bewegen uns in einer Streßroutine, die man so beschreiben könnte: Bett-Badezimmer-Lift-Auto-Lift-Restaurant-Auto-Lift-Badezimmer-Bett. Tödlich für den Biomotor Herz! Wir kennen die Natur nur noch von Sonntagsausflügen.

Schon unser »normales« Dasein verursacht Belastung und Verschleiß in der Maschinerie des Körpers. Kein Mensch kann den Streß völlig eliminieren — das ist nicht möglich, nicht einmal in der eigenen Familie:

Als Großmutter zu Besuch kam, geriet ihr kleiner Enkel ganz aus dem Häuschen. »Bald kann Vati uns sein Kunststück vorführen«, rief er ausgelassen. »Was für ein Kunststück?« wollte die alte Dame wissen. »Vati hat gesagt«, krähte der Kleine, »wenn du eine Woche hier bist, geht er die Wände hoch. Und ich habe noch nie gesehen, wie man das macht!«

Familienstreß, Berufsstreß, Schulstreß, Haushaltsstreß, Gefühlsstreß, Gesundheitsstreß, frommer Streß, Freizeitstreß und was es sonst noch für Streßformen geben mag — keiner kommt darum herum. Die Frage, die sich uns in diesem Kapitel stellt, ist die: Wie bewältigt man den Alltagsstreß, wie lernt man, damit sinnvoll umzugehen? Wie verhindert man, daß Streß zum Lebensstil wird? Was können wir tun, um dem Hast-Hektik- Syndrom vorzubeugen?

1. Was ist eigentlich Streß?

Der Ausdruck »Streß« wird heute viel und in den verschiedensten Zusammenhängen benutzt. Er ist fast ein Modewort geworden. »Ich habe Streß«, »ich bin am Anschlag«, »ich bin überfordert« — das sind Modebegriffe, die wir gerne auch dann gebrauchen, wenn wir uns vor einer unangenehmen Aufgabe drücken wollen. Trotzdem, es gibt ihn, den echten Streß!

Unter *Streß* versteht man gewöhnlich eine *Antwort des Körpers* auf Anforderungen, die an ihn gestellt werden.

Der große Streßforscher Hans Selye »erfand« den Begriff vor etwa fünfzig Jahren. In einem Interview wurde er gefragt, was er meine zu dem oft gehörten Rat,

man solle sich mehr Muße gönnen, um Streß zu vermeiden. Seine Antwort:

> Leider gibt es über das, was Streß ist, und wie wir uns
> dazu stellen sollen, viele Mißverständnisse. Streß ist die
> unspezifische Reaktion des Körpers auf *jede* Beanspru-
> chung, sei sie unangenehm oder angenehm. Beim
> Zahnarzt auf dem Stuhl zu sitzen ist Streß. Aber das
> gleiche gilt für einen leidenschaftlichen Kuß zwischen
> Verliebten; immerhin beschleunigt sich der Puls, der
> Atem geht rascher, das Herz klopft bis zum Hals. Und
> wer in aller Welt wollte auf eine so angenehme Beschäf-
> tigung nur wegen des Stresses verzichten? Es sollte
> nicht unser Ziel sein, Streß völlig zu meiden — was auch
> gar nicht möglich ist —, sondern unsere jeweilige typi-
> sche Reaktion auf Streß zu erkennen und unser Leben
> entsprechend einzurichten.
> (Interview mit Professor Hans Selye, aus: »Streß und
> wie man damit umgeht«, *Reader's Digest,* Oktober 1982,
> S. 28)

Die Forscher unterscheiden zwischen *Streß* und *Stressoren,* das heißt Faktoren, die Streß auslösen. Schon in den
fünfziger Jahren hat man festgestellt, daß maßvoller
Streß zur Leistungssteigerung und Kreativität notwendig
ist, und daß die Streßtoleranz von Mensch zu Mensch
sehr unterschiedlich sein kann.

Was den einen belastet, macht dem anderen Spaß.
Streß ist immer situationsbedingt, hängt von der jeweili-
gen Einstellung ab und wird individuell empfunden. Die
vollständige Freiheit von Streß kann den Tod bedeuten.

2. Arten von Stressoren

Die Ärzte reden von *Eu-Streß* und *Dis-Streß*.
Paul Kielholz, ehemaliger Direktor der Psychiatrischen
Uniklinik Basel, sagt: »Den *Eu-Streß* oder stimulativen
Streß brauchen wir, um unserem Leben die nötigen
Impulse zu geben, um unsere psychischen und körperlichen Funktionen nicht verkümmern zu lassen.«

Ganz anders reagiert der Körper auf Überbelastungen.
Da kann es zu funktionellen Störungen kommen im
Herz-Kreislauf-System oder im Magen-Darm-Trakt.
Auch Spannungskopfschmerzen kennen viele von uns
aus eigener Erfahrung. Das wird *Dis-Streß* genannt.

Die verschiedenen Einflüsse, die Dis-Streß auslösen
können, nennt man Stressoren. Sie lassen sich in drei
Kategorien teilen:

Körperliche Stressoren: Kälte, Hitze, Lärm, Schmerzen,
Infektionen

Seelische Stressoren: Angst, Bedrückung, Vereinsamung,
Verlust, Leistungsdruck, Gruppendruck, Enttäuschung,
Liebeskummer

Sozio-kulturelle Stressoren: Schwierigkeiten in Schule,
Beruf oder Familie, Entwurzelung, Probleme in zwischenmenschlichen Beziehungen

Christen haben es manchmal doppelt schwer: Einerseits haben sie sich den hektischen Lebensstil unserer
Zeit angewöhnt, andererseits geraten sie oft zusätzlich
unter »frommen Streß« durch gesetzlich orientierte
Gemeinden oder Freunde! Wehe dem, der nicht peinlichst dieses tut und jenes läßt und Woche um Woche
sein Leistungssoll erfüllt ...

Wie wohltuend liest sich da das Angebot Jesu: »Kommt

alle her zu mir, die ihr euch abmüht und unter eurer Last leidet! Ich werde euch Frieden geben ... bei mir findet ihr, was eurem Leben Sinn und Ruhe gibt« (Matthäus 11,28-29 Hoffnung für alle).

Wer Gott sein Ja gegeben hat, der findet Ruhe im Herzen aus der Gewißheit der Vergebung und der Lebensgemeinschaft mit Gott.

3. Wie entsteht Streß?

Psychischer Streß entsteht unter anderem da, wo ich mich selbst zu wichtig nehme.

Der Perfektionist betrachtet sich als unentbehrlich. Er muß alles selbst machen, er kennt keine Grenzen, er muß alle Geschehnisse um sich herum kontrollieren und im Griff haben.

— Da ist der permanent überforderte Mitarbeiter am Arbeitsplatz oder in der Gemeinde. Die Quelle seines Drucks ist nicht die Arbeit oder Aufgabe an sich, sondern der Ehrgeiz, perfekt zu sein, und die Unfähigkeit, loszulassen und Fremdhilfe zu akzeptieren.

— Da ist die gestreßte Mutter, die dem Vater nicht erlaubt, den Säugling zu wickeln, weil die Windeln dann nicht so sitzen, wie sie es haben will. Kein Wunder, daß sie mit den Nerven am Ende ist, ihr Unentbehrlichkeitstrieb macht sie völlig fertig.

— Da sind die Eltern, die keinen freien Abend mehr haben, weil sie so auf die Kinder fixiert sind. Niemand, aber auch gar niemand kann ihre Sprößlinge so versorgen wie sie. Fremde Babysitter kommen nicht in Frage. Resultat: Zwei gestreßte Eltern und eine Zeitbombe.

David sagt in Psalm 18: »Mit dir schlage ich feindliche Horden zurück, mit dir, meinem Gott, überspringe ich Mauern« (Psalm 18,30).

David hat sich nicht wegen jeder Kleinigkeit überfordert gefühlt. Er ist im Verlaufe seiner Karriere manch enormer Streß-Situation gegenübergestanden und hat sie bewältigt, weil seine Einstellung nicht *ich-fixiert,* sondern *Gott-orientiert* war. Wer gelernt hat, die eigene Unentbehrlichkeit loszulassen, der kann mit Gott Mauern überspringen.

Darüber müssen wir uns noch näher Gedanken machen:

4. Wie kommt man zur Entspannung?

Jesus Christus hat ständig unter Druck gestanden. An seinen Terminkalender wurden hohe Ansprüche gestellt. Die Leute wollten ihn sehen, mit ihm reden, ihn einladen. Aber nicht nur das — sein Auftrag wurde mißverstanden. Man kritisierte ihn, lachte ihn aus, griff ihn immer wieder öffentlich an.

Die meisten von uns klagen sehr schnell darüber, wir seien überfordert und überlastet ... Mensch, stell Dir mal den Streß vor, unter dem Christus gestanden hat!

Sicher, er war der Sohn Gottes und konnte mehr ertragen, aber vergiß nicht: Er war auch der Menschensohn; er schwitzte wie wir, er hatte ein Schlafbedürfnis wie wir, er wußte, was Angst ist, und er ärgerte sich über frömmlerische Menschen.

Wenn wir das Leben Jesu näher untersuchen, stellen wir fest, daß er Stille fand trotz Strapaze! Er war nie gehetzt; er hatte eine Ruhe, die ihn befähigte, mitten im Streß stabil zu bleiben. Wie hat er das geschafft? Was war sein Geheimnis?

Die folgenden Ansätze sind keine Patentrezepte, liefern aber Hilfestellung, die sich in der Praxis bewährt hat.

5. Ein Anti-Streß-Konzept

1) Identifizieren — wissen, wer du bist

In einer Gesellschaft, die den Selbstwert nach der Produktivität beurteilt, ist es kein Wunder, daß auch Christen die Meinung haben, sie seien mehr wert, wenn sie mehr tun. Selbstachtung beruht auf Leistung, so meinen viele!

Das Neue Testament lehrt etwas anderes: Jeder Mensch ist als Geschöpf Gottes von Bedeutung. Nicht Produktivität ist entscheidend, sondern die Beziehung zu Gott. Das erste Prinzip im Umgang mit Streß ist: Ich muß wissen, wer ich bin. Jesus sagt im Johannesevangelium:

»Ich bin das Licht der Welt. Wer mir folgt, hat das Licht, das zum Leben führt, und wird nicht mehr im Dunkeln tappen« (Johannes 8,12).

Jesus hatte keine Identitätskrise! Er wußte, wer er war: der Sohn Gottes, das Licht der Welt.

Im Umgang mit Streß ist das Wissen um die eigene Identität ganz wesentlich. Wenn ich nicht weiß, wer ich bin, dann werde ich von anderen Menschen manipuliert. Ich werde vielleicht zu etwas gezwungen, das ich nicht bin. Ich beginne Rollen zu spielen und Masken zu tragen. Viel Streß ist das Resultat von solchen Masken, dem Führen von einem Doppelleben, dem Vorgeben, jemand zu sein, der man in Wirklichkeit gar nicht ist.

Verunsicherung über die eigene Person schafft seelischen Druck. Streßbewältigung fängt an mit dem inneren Gleichgewicht: Ich muß wissen, wer ich bin.

Und *ich weiß, wer ich bin, wenn ich weiß, wem ich gehöre!* Wer zu Jesus gekommen ist, der hat das wahre Licht erkannt. Er ist ein Kind Gottes geworden. Das ist seine Identität! Als Kind Gottes hat mein Leben Bedeutung. Ohne diese Erkenntnis läßt sich der Streß der Identitätskrise nicht bewältigen.

2) Hinwenden — wissen, für wen du lebst

In Johannes 5 finden wir ein zweites Prinzip für gesundes Streß-Management:

> Ich kann nichts von mir aus tun, sondern entscheide als Richter nur so, wie Gott es mir sagt. Meine Entscheidung ist gerecht, denn ich setze nicht meinen eigenen Willen durch, sondern den Willen dessen, der mich gesandt hat (Johannes 5,30).

Ich muß wissen, für wen ich lebe. Keiner von uns kann jedermann zufriedenstellen. Was dem einen gefällt, ärgert den anderen. Niemand kann es allen rechtmachen.

Jesus hat gewußt, für wen er lebte; für ihn war die Sache klar geregelt: »Ich setze nicht meinen eigenen Willen durch, sondern den Willen dessen, der mich gesandt hat.«

Wenn du nicht weißt, wen Du zufriedenstellen sollst, dann wirst Du drei Schwierigkeiten bekommen:

Kritik, weil Du Dir Sorgen machst, um die Meinung von anderen.

Konkurrenz, weil Du Dir Sorgen machst, daß andere besser sind.

Konflikt, weil Du es nicht ertragen kannst, daß andere Deine Meinung nicht teilen.

Wenn Gott an erster Stelle steht, dann wird mein Alltag einfacher. Ich muß mich nicht dauernd darüber ängstigen, was andere von mir denken, welche Fremdmeinung ich korrigieren muß und wem ich nachspringen sollte. Wenn Gott Nummer Eins in meinem Leben ist, dann kann ich Kritik, Konkurrenz und Konflikt ertragen.

Manche von uns leben immer noch in der Vergangenheit: Sie versuchen noch mit Vierzig, ihre Eltern zufriedenzustellen, und weil das nicht möglich ist, sind sie permanent frustriert. Wie traurig! Höre: Weder Deine Eltern noch Deine Freunde noch Dein Chef sind schuld an solchem Beziehungsstreß. Wen du zufriedenstellen willst, ist Deine eigene Entscheidung vor Gott. Niemand kann Dich unter Druck setzen *ohne Deine Einwilligung*.

3) Organisieren — wissen, was du erreichen willst

Das dritte Anti-Streß-Prinzip:

> Auch wenn ich hier als mein eigener Zeuge auftrete, sage ich die Wahrheit. Denn ich weiß, woher ich komme und wohin ich gehe (Johannes 8,14 Hoffnung für alle).

Christus ließ seinen Terminkalender nicht von seiner Umgebung bestimmen. Er wußte, woher er kam und wohin er ging. Er hatte einen Plan und Prioritäten. Ein klar formuliertes Ziel.

Um Streß zu vermeiden, muß ich wissen, was ich erreichen will. Wer sich selbst keine Ziele steckt, für den werden andere Leute Ziele stecken. Wenn Du keine Prioritäten setzt, wirst Du zum Opfer der Prioritäten von anderen!

Die meisten von uns kennen das aus eigener Erfahrung. Wir vertrödeln Zeit in einer unorganisierten Unordnung.

Wir geraten unter Druck, weil wir nicht vorausplanen und organisieren. Es ist so einfach, unter der Tyrannei des Dringlichen zu leben. Am Ende des Tages fragst Du Dich: Was habe ich heute eigentlich erledigt? Ich habe viel Energie aufgewendet und bin vielem nachgesprungen. Aber war es wirklich wichtig?

Beschäftigt sein und produktiv sein sind zweierlei. Wer nicht mit Zielen lebt, der lebt mit Zwang — dem Zwang, vertane Zeit wettzumachen.

Gute Vorbereitung reduziert Streß. Klare Ziele vereinfachen das Leben. Besprich Deine Prioritäten mit Gott, schau dann Deinen Terminkalender an und frage Dich: Will ich für diese Aktivitäten 24 Stunden meines Lebens eintauschen?

4) Konzentrieren — eines nach dem anderen!

Immer wieder gab es Situationen im Leben Jesu, wo Menschen ihn von seiner Mission abhalten wollten —

vielleicht gar nicht einmal bewußt. Bei einer Gelegenheit wollte er sich in die Stille zurückziehen, um allein zu sein. Aber selbst dort folgten ihm die Massen nach: »Die Leute liefen ihm nach; sie wollten ihn festhalten und verhindern, daß er von ihnen wegging.«

Wie hat Jesus darauf reagiert?

> Ich muß auch den anderen Städten die gute Nachricht verkünden, daß Gott seine Herrschaft aufrichtet; denn dazu hat Gott mich gesandt (Lukas 4,42-43).

Er ließ sich nicht ablenken! Das vierte Anti-Streß-Konzept lautet: Konzentriere Dich auf *eine* Sache! Das Leben Jesu zeigt das deutlich. Er behielt sein Ziel im Auge. Andere hatten andere Pläne für ihn, aber er hielt konzentriert am Plan Gottes fest.

Das ist ein bewährtes Manager-Prinzip: Eines nach dem anderen!

Wenn zwanzig Dinge zu erledigen sind, dann räume ich meinen Schreibtisch auf und erledige eines. Dann das nächste. Und wenn es gut geht, ein drittes. Ich habe gelernt: Wenn ich drei Hasen gleichzeitig nachrenne, komme ich nur ins Rotieren und erwische keinen. Wir können nicht fünfzig Dinge gleichzeitig erledigen ohne Frust.

Das wichtigste Anti-Streß-Prinzip zuletzt:

5) Meditieren — alleine mit Gott

> Am nächsten Morgen verließ Jesus lange vor Sonnenaufgang die Stadt und zog sich an eine abgelegene Stelle zurück. Dort betete er (Markus 1,35).

Der fünfte Grundsatz der Streßbewältigung ist die Gewohnheit des persönlichen Gebetes. Christliche Meditation ist ein gigantischer Streßbefreier. Dadurch wird der Druckausgleich geschaffen, den wir so dringend brauchen.

Manche Christen sehen sofort schon rot, wenn sie das Wort »Meditation« nur hören. Automatisch verbinden sie damit eine okkulte oder spiritistische Praxis. Sicher gibt es ideologisch gefärbte Formen der Meditation wie Yoga und »Transzendentale Meditation«. Doch es besteht ein Unterschied zwischen fernöstlicher Meditation und der christlichen Meditation. In der christlichen Meditation ist Christus und sein Wort der Mittelpunkt.

Das lateinische Wort *meditari* enthält neben der Bedeutung von »nachdenken« und »betrachten« auch den Gedanken des »sich Einübens«. Das heißt, durch Übung wird das innere Ohr hörfähig gemacht und auf Gottes Wort abgestimmt. Das hat überhaupt nichts zu tun mit Esoterik, New Age oder hinduistischer Bewußtseinserweiterung!

Christus hat sich immer wieder die Zeit genommen zum Gespräch mit dem Vater. Wenn *er* solche meditative Stille nötig hatte, wieviel mehr wir? Viele unserer Probleme kommen von der Unfähigkeit, ruhig zu sein. Wir wissen nicht mehr, wie man still ist. Fünf Minuten Ruhe ohne CD, TV und Radio ist für manche schon unbehaglich. Gott sagt: »Seid stille und erkennet, daß ich Gott bin« (Psalm 46,11). Wenn wir zur meditativen Stille zu beschäftigt sind, dann sind wir tatsächlich zu beschäftigt.

Eine persönliche Beziehung zu Christus bewahrt uns vor der schlimmsten sozialen Streßerscheinung, die es gibt: der Sinnlosigkeit. Und nicht nur das; sie löst auch das Joch, welches die unausweichliche Folge von unvergebener Schuld ist.

Die größte Belastung entsteht, wenn wir versuchen, ohne Gott zu leben — wenn wir den eigenen Weg gehen wollen! *Streß wird letztlich bewältigt durch Stille* — dadurch, daß ich mein gehetztes Leben dem übergebe, der alleine innere Ruhe schenken kann.

Zur Vertiefung:

Forscher haben festgestellt, daß es zwei Grundtypen von Menschen gibt: »Rennpferde«, für die Aktivität und Bewegung lebenswichtig sind, und »Schildkröten«, die Ruhe, Frieden und eine beschauliche Umwelt brauchen — etwas, das die meisten Rennpferdtypen auf die Palme bringen würde. Ich selbst könnte mir nichts Langweiligeres vorstellen, als in den Ferien Tag für Tag am Strand zu liegen, aber genau das finden viele Leute erstrebenswert. Was für ein Typ bist du?

Ob Schildkröte oder Rennpferd, beide Typen können unter Streß geraten. Um Deinen Streßquotienten festzustellen, schlage ich Dir vor, als erstes den Fragebogen »Sind Sie ein Streßtypus?« von Prof. Michael Dieterich auszufüllen und zu bewerten.

Sind Sie ein »Streßtypus«?

1. Haben Sie das Gefühl, daß der Tag nicht genügend Stunden hat, um all das tun zu können, was Sie tun möchten?

   ja ( ) nein ( )

2. Gestikulieren, gehen und essen Sie immer schnell?

   ja ( ) nein ( )

3. Werden Sie ungeduldig bei dem Tempo, mit dem die meisten Dinge vor sich gehen?

   ja ( ) nein ( )

4. Sagen Sie »hm, hm, hm« oder »ja, ja, ja« zu jemandem, der mit Ihnen spricht, um ihn unterschwellig zu drängen, er möge sich doch beeilen? Neigen Sie dazu, die Sätze Ihrer Gesprächspartner für diese zu Ende zu sprechen?

   ja ( ) nein ( )

5. Werden Sie über Gebühr nervös oder sogar wütend, wenn ein Wagen in einem Tempo fährt, das Sie zu langsam finden? Macht es Sie nervös, wenn Sie Schlange stehen oder in einem Restaurant auf einen Platz warten müssen?

   ja ( ) nein ( )

6. Finden Sie es unerträglich, wenn Sie anderen bei Arbeiten zusehen müssen, die Sie selbst viel schneller erledigen können?

ja ( )   nein( )

7. Verlieren Sie die Geduld mit sich selbst, wenn Sie eintönige Aufgaben ausführen müssen, die zwar notwendig sind, Sie aber von der Beschäftigung mit Dingen abhalten, die Sie viel mehr interessieren?

ja ( )   nein ( )

8. Lesen Sie gern diagonal, oder lesen Sie wirklich interessante Literatur am liebsten in Kurzfassungen?

ja ( )   nein ( )

9. Befassen Sie sich in Gedanken oder auch mal ganz real mit zwei oder mehr Dingen gleichzeitig? Denken Sie, während Sie einem anderen zuhören, an Dinge, die gar nichts mit der Unterhaltung zu tun haben?

ja ( )   nein ( )

10. Wälzen Sie auch in der Freizeit oder wenn Sie sich erholen Probleme, die mit Beruf oder Familie zu tun haben?

ja ( )   nein ( )

11. Haben Sie die Gewohnheit, beim Sprechen bestimmte Worte stark zu akzentuieren, auch wenn dies vom Sinn her gar nicht nötig wäre? Haben Sie die Tendenz, die letzten Worte eines Satzes sehr viel rascher als die einleitenden Worte zu sagen?

ja ( )   nein ( )

12. Finden Sie es schwierig — ohne Rücksicht auf den Gesprächspartner —, nicht von jenen Dingen zu sprechen, die Sie besonders interessieren? Und wenn Ihnen das nicht gelingt, tun Sie dann nur so, als würden Sie zuhören, aber hängen eigentlich Ihren eigenen Gedanken nach?

ja ( )   nein ( )

13. Haben Sie fast immer ein vages Schuldgefühl, wenn Sie sich entspannen oder erholen wollen und deshalb mehrere Stunden lang oder für mehrere Tage nichts arbeiten?

ja ( )   nein ( )

14. Versuchen Sie, ständig mehr in immer weniger Zeit unterzubringen? Lassen Sie in Ihrem Zeitplan immer weniger Spielraum für unvorhergesehene Zwischenfälle?

ja ( )   nein ( )

15. Kommt es häufig vor, daß Sie während eines Gespräches die Faust ballen oder auf den Tisch hauen oder sich mit der Faust gegen die Handfläche der anderen Hand schlagen, um eine Aussage zu bekräftigen?

    ja ( )   nein ( )

16. Gehören schwierige, unter großem Zeitdruck auszuführende Terminarbeiten zu Ihrem Aufgabenbereich?

    ja ( )   nein ( )

17. Pressen Sie häufig das Gebiß zusammen, oder knirschen Sie sogar mit den Zähnen?

    ja ( )   nein ( )

18. Bringen Sie häufig Arbeit abends mit nach Hause?   ja ( )   nein ( )

19. Versuchen Sie manchmal, nicht nur Ihre eigene Leistung, sondern auch die anderer Menschen mittels einer Bewertungsskala zu erfassen?

    ja ( )   nein ( )

20. Sind Sie mit Ihrem gegenwärtigen Beruf unzufrieden?   ja ( )   nein ( )

Zur Auswertung:
Jedes »Ja« zählt 1 Punkt, jedes »Nein« zählt 0 Punkte.
Zur Beurteilung im Hinblick auf den »Streß-Typus« werden vier Gruppen gebildet:

Gruppe 1: 3 Punkte oder weniger,
Gruppe 2: 4 bis 8 Punkte,
Gruppe 3: 9 bis 13 Punkte,
Gruppe 4: 14 und mehr Punkte.

Gruppe 1 ist kaum von einem Herzinfarkt bedroht.
Wenn Sie sich in der Gruppe 2 oder 3 befinden, können Sie als »wenig streßanfällig« beschrieben werden.
In der Gruppe 4 laufen Sie stärker Gefahr, einen Herzinfarkt zu erleiden, als die Angehörigen der Gruppe 2 und 3. Sie sind ein ausgesprochener »Streß-Typus« und sollten unbedingt zu Ruhe und Entspannung kommen.

(Aus: Michael Dieterich, »Wir brauchen Entspannung«, Brunnen-Verlag, Gießen, 3. Auflage 1990, S. 153-155)

Wie immer das Resultat ausgefallen ist, bitte beantworte jetzt noch die folgenden Fragen in der Stille Deines eigenen Herzens:

1. Identifizieren: Versuche ich jemand zu sein, der ich in Wirklichkeit gar nicht bin? Welche Maske muß ich lernen abzuziehen? Mit wem könnte ich beginnen, offen zu werden?
2. Hinwenden: Versuche ich jedermann zufriedenzustellen und allen zu gefallen? Das ist ein sicherer Weg, um Magengeschwüre zu bekommen! Wo muß ich loslassen? Wie gehe ich mit Kritik um, mit wem stehe ich in Kon-

kurrenz, welche Konflikte nagen im Moment an mir? Welche Alternativen stehen mir offen?

3. *Organisieren:* Vertrödle ich Zeit, bin ich ein unorganisierter Mensch? Erledige ich alles immer erst im letzten Moment, ohne Plan und ohne Priorität? Was kann ich tun, um das zu ändern?

4. *Konzentrieren:* Habe ich gelernt, mich auf *eine* Sache zu konzentrieren? Oder renne ich in zwanzig verschiedene Richtungen gleichzeitig? Wo muß ich ansetzen, um effizienter zu arbeiten? Wen könnte ich um konkrete Ratschläge bitten?

5. *Meditieren:* Hast Du die Gewohnheit einer täglichen Stillen Zeit gelernt? Hat Gott Kontrolle über Deinen Alltag? Reduzierst Du Dein Lebenstempo wenigstens einmal am Tag so, daß Du zur Ruhe kommst und Gott mit Dir reden kann? Vergiß nicht, Streß wird nur bewältigt durch Stille!

Verbinde diese Woche Dein Beten mit einer täglichen Routinearbeit. Geknüpft an eine schon fest eingeübte Tätigkeit, wie zum Beispiel Frühstücken, Zähneputzen, Kochen, Tram oder Autofahren, Treppen steigen etc., fällt es viel leichter, den Vorsatz einzuhalten und dich selbst zu konditionieren. Studiere Psalm 119,9-16 und 33- 40.

Falls Du Dich mit dem Thema Streß und Verkrampfung näher befassen möchtest, hier zwei Buchvorschläge:

1. »Wir brauchen Entspannung« von Michael Dieterich, Brunnen-Verlag

2. »Getrieben oder berufen« von Gordon MacDonald, Projektion J-Verlag (Kapitel 14)

Wie kann ich Entmutigung entwaffnen?

Als Sanballat, Tobija, die Araber, die Ammoniter und die Leute von Aschdod erfuhren, daß der Wiederaufbau der Mauer Jerusalems voranging und sich ihre Lücken zu schließen begannen, gerieten sie in Wut. Sie verschworen sich und beschlossen, bewaffnet gegen Jerusalem zu ziehen und dort Verwirrung anzurichten. Wir aber beteten zu unserem Gott und stellten Tag und Nacht zum Schutz gegen sie Wachen auf. Unter den Judäern ging zu dieser Zeit das Lied um:

»Der Schutt nimmt ja doch nie ein Ende,
wir haben schon ganz lahme Hände!
Wir sind viel zu müde und matt,
zu bauen die Mauer der Stadt.«

Unsere Feinde dachten: »Ehe die Judäer etwas ahnen, sind wir schon mitten unter ihnen, schlagen sie zusammen und bereiten ihrem Machwerk ein Ende.«
Doch es kam ganz anders. Denn die Juden, die in ihrer Nähe wohnten, hielten uns auf dem laufenden über das, was unsere Feinde gegen uns vorhatten. Darum suchte ich einen geeigneten Platz für unsere Aufstellung zum Kampf und fand ihn unterhalb des Versammlungsplatzes vor der Mauer in einer dürren, von der Sonne verbrannten Gegend. Dort stellte ich alle wehrfähigen Männer auf, nach Familienverbänden geordnet, bewaffnet mit Schwertern, Lanzen und Bogen. Nachdem ich ihre Aufstellung überprüft hatte, trat ich vor sie hin und sagte zu den Stadtvorstehern und anderen führenden Männern und zum ganzen Volk: »Habt keine Angst! Erinnert euch daran, wie groß und mäch-

tig der Herr ist! Kämpft für eure Brüder und Söhne, für eure Töchter und Frauen und für eure Häuser!«
Unsere Feinde erfuhren, daß wir gerüstet waren. Ihr Plan war gescheitert, Gott hatte ihn vereitelt. Wir aber gingen alle zur Mauer zurück, jeder an seine Arbeit. Von dem Tag an arbeitete nur noch die Hälfte meiner Leute beim Mauerbau mit, während die andere Hälfte Wache stand, ausgerüstet mit Lanzen, Schilden, Bogen und Rüstungen. Die führenden Männer standen hinter den Leuten, die am Mauerbau arbeiteten. Die Träger trugen mit der einen Hand die Last, in der anderen hielten sie eine Waffe. Alle Bauleute hatten während der Arbeit das Schwert umgeschnallt. Ich selbst hatte den Signaltrompeter immer bei mir. Zu den Stadtvorstehern und anderen führenden Männern sowie zu allen Arbeitern sagte ich: »Die Baustelle ist weitläufig. Wir müssen uns über die ganze Mauer verteilen und sind dadurch weit voneinander entfernt. Wenn ihr an irgendeiner Stelle die Trompete hört, kommt sofort zu mir dorthin. Unser Gott wird für uns kämpfen!«
(Nehemia 4,1-14)

Winston Churchill wurde einmal gefragt, was man seiner Meinung nach für Fähigkeiten haben müsse, um Politiker zu werden. Der Premier setzte sein berühmtes Bulldoggengesicht auf, dachte einen Moment nach und erwiderte: »Man muß jederzeit vorhersagen können, was am nächsten Tag, in der nächsten Woche, im nächsten Monat und im nächsten Jahr passieren wird.« Er machte eine Pause. »Und hinterher«, setzte er dann hinzu, »muß man eine Erklärung dafür parat haben, warum es anders gekommen ist« (Reader's Digest).

Daß es im Leben oft anders kommt als geplant, das ist nichts Neues. Unangenehm wird es, wenn Schwierigkeiten und Enttäuschungen sich die Türklinke in die Hand geben und gehäuft auftreten. Auch Christen sind vor solchen Erfahrungen nicht geschützt. Tatsache ist, das Leben ist kein Disneyland! Wir sind nicht immer in Top-Form. Unsere Batterien können sich entladen und unsere Erwartungen können uns enttäuschen. Wir machen Fehler, wir versagen. Wir erleben Angriffe und Abstürze. Das ist nicht komisch, sondern natürlich. Jakobus formuliert es so:

> Liebe Brüder! Ihr braucht nicht zu verzweifeln, wenn euer Glaube immer wieder hart auf die Probe gestellt wird. Im Gegenteil: Freut euch darüber! Denn durch solche Bewährungsproben wird euer Glaube fest und unerschütterlich (Jakobus 1,2-3 Hoffnung für alle).

Es gibt hier drei Irrtümer, vor denen wir uns hüten müssen:

— *Irrtum No. 1: Wenn Du Christ bist, wirst Du vor schlimmen Problemen verschont.*

Das ist ganz einfach nicht wahr. Weder die Bibel noch die Praxis bestätigen diese Vorstellung. Christen haben keinen magischen Schutz vor Schmerz. Enttäuschung packt sie so wie jeden anderen Menschen auch.

— *Irrtum No. 2: Die Bibel hat eine Antwort auf jedes Problem.*

Wir erweisen uns selbst und Andersdenkenden einen schlechten Dienst mit solch pauschalen Aussagen. Es gibt Situationen, in denen wir schlicht und einfach mit dem Schweigen Gottes konfrontiert sind. Die Bibel gibt uns nicht ein Rezept für jede spezifische Lage, in der wir uns befinden.

— *Irrtum No. 3: Wenn Du Schwierigkeiten hast, bist Du ungeistlich.*

Von allen dreien ist das der peinlichste Irrtum. Die einzigen Leute, die keine Schwierigkeiten haben, sind auf dem Friedhof. Wer Probleme hat, weiß, daß er noch lebt. Die geistlichsten Menschen, die ich kenne, sind durchweg solche, die zu ihren Schwierigkeiten und Fehlern stehen.

Werden wir konkret: Was kann man tun, wenn man von einer der schlimmsten Krankheiten befallen wird, die es gibt?

Ich meine nicht Krebs, nicht Multiple Sklerose, auch nicht AIDS, sondern *Entmutigung*.

1. Warum ist Entmutigung so gravierend?

1) *Sie betrifft jeden:* Es ist keiner davor geschützt.
2) *Sie wiederholt sich:* Sie ist keine einmalige Erfahrung.
3) *Sie ist ansteckend:* Sie ist ein Zustand, der sofort abfärbt.

Die erfreuliche Seite ist die: *Entmutigung ist heilbar!* Ein Ereignis im Leben Nehemias illustriert das. Aus Nehemia 4 läßt sich ableiten, wie Entmutigung entsteht – und wie man dagegen vorgeht.

Kennst Du die Geschichte Nehemias? Du erinnerst Dich vielleicht daran, daß Nehemia, ehemals Stabschef des persischen Königs Artaxerxes (465-425 v. Chr.), eine Delegation von Juden nach Jerusalem zurückführte, um die Stadt und ihre Mauern wieder aufzubauen. Das war ein gewaltiges Projekt. Am Anfang ging es rapide vorwärts. Trotz einigem Widerstand waren alle motiviert und legten Hand an.

Doch nach einiger Zeit ließ der Eifer nach und Enttäuschung setzte ein; die Juden sagten:

Der Schutt nimmt ja doch nie ein Ende, wir haben schon ganz lahme Hände! Wir sind viel zu müde und matt, zu bauen die Mauer der Stadt! Unsere Feinde dachten: Ehe die Judäer etwas ahnen, sind wir schon mitten unter ihnen, schlagen sie zusammen und bereiten ihrem Machwerk ein Ende (Nehemia 4,4-5).

Die Erfahrung dieser Juden zeigt, wie Entmutigung entsteht.

2. Welches sind die Ursachen?

Wieso werden wir entmutigt? Was sind die Gründe dafür, daß wir plötzlich so niedergeschlagen sind, daß es uns das Leben verleidet? Die erste Ursache ist naheliegend:

1) Erschöpfung:

Das Volk von Juda sagte: Die Kraft der Lastträger schwindet (Nehemia 4,4 a Elberfelder).

Das Volk war müde, matt und erschöpft. Die hatten hart gearbeitet und waren ganz einfach erledigt. Kaputt, am Ende ihrer Kräfte, ausgebrannt! Manche Leute werden deprimiert, nicht weil sie ein geistliches Problem haben, sondern weil sie körperlich am Rumpf sind. Wir Schweizer (und Deutschen) sind bekannt als Arbeitssüchtige. Zwanghafte Arbeitswut, Perfektionismus und ein Unentbehrlichkeitskomplex fordern ihren Preis.

Die geistlichste Entscheidung ist hier manchmal die, früh ins Bett zu gehen, kreativ zu faulenzen oder Ferien zu machen!

Es gibt einen zweiten Grund, wieso Menschen entmutigt werden:

2) Ernüchterung:

> Es ist noch soviel Schutt da ... (Nehemia 4,4 b Elberfelder).

Die Mauer Jerusalems wurde neu gebaut. Die Ruinen der alten Stadtmauer mußten Stück für Stück abgetragen werden. Die Situation war frustrierend. Überall lagen Steine, Mörtel und Schutt herum. Die Juden sahen das heillose Durcheinander und wurden mehr und mehr ernüchtert: »Das schaffen wir nie, der Job ist eine Nummer zu groß für uns.«

Was gibt es für Schutt in Deinem Leben — nutzloses Zeug, das Deine Perspektive trübt und Dir Kraft raubt?

Im selben Vers wird eine dritte Ursache erwähnt:

3) Erdrückung:

> Es wird uns nie gelingen, die Mauer aufzubauen.

Das Bauprojekt war gerade etwa zur Hälfte vollendet (Nehemia 3,38), da ging den Leuten die Puste aus: »Es wird uns nie gelingen! Nehemia gib auf, vergiß es, es hat keinen Zweck!« 50 Prozent der Mauer waren vollendet, aber die Leute waren plötzlich wie überwältigt.

So geht es uns doch auch oft: Wir beginnen eine Aufgabe, und mittendrin hören wir auf und fühlen uns wie die größten Versager! Wir bedenken nicht, daß der Unterschied zwischen Gewinnern und Verlierern darin liegt, Fehler nicht als Versagen, sondern als Orientierungshilfe zu interpretieren.

Entmutigung ist noch durch einen vierten Faktor begründet:

4) Verängstigung:

Angst lähmt, macht passiv und mutlos. Die Furcht vor ihren Feinden deprimierte die Juden zusätzlich:

> Unsere Feinde dachten: Ehe die Judäer etwas ahnen, sind wir schon mitten unter ihnen, schlagen sie zusammen und bereiten ihrem Machwerk ein Ende (Nehemia 4,5).

Es waren die Juden, welche Feindberührung hatten, die begannen, Angst zu verbreiten. Es dauerte nicht lange, und ihr negatives Gerede beeinflußte alle anderen (Nehemia 4,6). So ist das auch in unserem Alltag: Wenn Du lange genug um negative Leute herum bist, wirst Du selber negativ. Angst ist ansteckend und oft auch entmutigend.

Hast Du heute Angst, die Dich lähmt und am Wachsen hindert? Angst vor Versagen, Angst nicht genügen zu können, Angst vor Kritik, Angst vor einer neuen Stelle...

Wie läßt sich feststellen, ob meine Entmutigung durch Angst begründet ist? Dadurch, daß ich ein starkes Fluchtbedürfnis habe. Die natürliche Reaktion auf Angst ist Flucht. Aber Flucht löst keine Probleme, sie schafft nur neue.

Das bringt uns zum Lösungsansatz:

3. Was tun, wenn ich am Ende bin?

Entmutigung ist eine potente Waffe; und zwar eine, die gegen mich selbst und andere gerichtet ist. Wenn ich »down« und deprimiert bin, dann drückt sich das sehr schnell im Umgang mit anderen Leuten aus. Entweder ich isoliere mich und will von niemandem mehr etwas wissen, oder aber meine Einstellung steckt die anderen an. Beides hat negative Folgen. Nehemia hat das erkannt und hat reagiert. Hier sind einige Prinzipien aus seiner Erfahrung, die uns helfen können, den Ausweg aus der Entmutigung zu finden.

1) Reorganisiere Deine Beziehungen:

Das erste, was Nehemia tat, war dies: Er reorganisierte die Mitarbeiter nach Sippe und Familie.

> Dort stellte ich alle wehrfähigen Männer auf, nach Familienverbänden geordnet, bewaffnet mit Schwertern, Lanzen und Bogen (Nehemia 4,7).

Wieso war das wichtig? Vorher hatte jeder in seiner eigenen Ecke gewurstelt und gebastelt, ohne Unterstützung und ohne Waffen. Nehemia sah, daß eine Neustrukturierung nötig war.

Bitte beachte, welchen Stellenwert er der Familie gab. Er hat die Mitarbeiter *nach Familienverbänden* organisiert. Warum? Weil er wußte: Jeder einzelne braucht eine Kleingruppe, die ihn trägt und ermutigt. Wir brauchen andere Menschen in unserem Leben, und die Familie ist die natürlichste Unterstützungsgruppe, die es gibt.

Zwei sind auf jeden Fall besser dran als einer allein. Wenn zwei zusammenarbeiten, bringen sie es eher zu etwas. Wenn zwei unterwegs sind und einer hinfällt, dann hilft der andere ihm wieder auf die Beine. Aber wer allein geht, ist übel dran, wenn er fällt, weil keiner ihm helfen kann (Kohelet [Prediger Salomo] 4,9-10).

Was sagt Salomo? Es ist wichtig, Beziehungen zu anderen Menschen zu pflegen. Dadurch wird uns selbst geholfen. Beziehungen überbrücken Zeiten der Entmutigung.

Aus diesem Grund legen wir in unserer Gemeinde so großen Wert auf geleitete Kleingruppen. Unser Konzept lautet: *Betreuung durch Beziehung — Kleingruppen garantieren Kontakt!*

Der erste Schritt, um Entmutigung zu entwaffnen, besteht darin, daß ich meine Beziehungen reorganisiere, das heißt, ich suche den Kontakt mit anderen und mache mich anderen gegenüber verantwortlich, spreche mich also bei ihnen aus, lasse mich von ihnen beraten und korrigieren.

Was läßt sich weiter tun?

2) Orientiere Deinen Glauben:

Nehemia inspizierte die Aufstellung der Familienverbände. Das war eine wichtige taktische Maßnahme. Aber Taktik allein genügt nicht. »Der Herr selbst muß die Stadt beschützen, sonst ist jede Wache umsonst«, heißt es in Psalm 127,1. Und so berichtet Nehemia:

Nachdem ich ihre Aufstellung überprüft hatte, trat ich vor sie hin und sagte zu den Stadtvorstehern und anderen führenden Männern und zum ganzen Volk: »Habt keine Angst! Erinnert euch daran, wie groß und mächtig der Herr ist!« (Nehemia 4,8).

Was meinte Nehemia, als er den Stadtrat und das Volk dazu aufrief, sich an Gott zu erinnern? Es ging um die Neuorientierung ihres Glaubens. Die Judäer hatten ihre Glaubens-Perspektive verloren. Sie sahen nur noch Probleme und Schwierigkeiten — aber nicht mehr die Macht Gottes. Sie waren so problemorientiert, daß sie nicht mehr mit der Kraft Gottes rechneten.

Kennst Du das auch? Kannst Du Dich an Situationen in Deinem eigenen Leben erinnern, wo Du die Nase voll hattest, wo Dir einfach alles zuviel wurde? Vielleicht befindest Du Dich jetzt in diesem Moment in einer solchen Lage. Vielleicht stehst Du vor einem Riesenberg und siehst keinen Horizont mehr ... Wenn das der Fall ist, dann gelten die Worte Nehemias Dir: »Erinnere Dich daran, wie groß und mächtig Dein Gott ist!«

Woran kannst Du Dich konkret erinnern?

— Denk an die *Güte Gottes,* die Du in der Vergangenheit erlebt hast. Erinnere Dich daran, wie er Dir geholfen hat, wie er für Dich gesorgt hat in schwierigen Situationen. Das wird Deine Entmutigung entkräften.

— Denk an die *Gegenwart Gottes,* die Du jetzt erfährst. Gott wirkt in Deinem Leben, ob Du es spürst oder nicht. Verlaß Dich nicht auf Deine negativen Gefühle. Gott steht zu seinen Zusagen:

> Niemals werde ich dir meine Hilfe entziehen, nie dich im Stich lassen. Wir wollen zuversichtlich sagen: Der Herr steht mir bei ... (Hebräer 13,5-6).

— Denk an die *Macht Gottes*, die Du noch erfahren wirst. Gott schenkt Kraft auch für schwierige Lebensumstände (Philipper 4,13). Wenn Du entmutigt bist, orientiere Dich nicht an den Umständen, sondern an Dem, der sie unter seiner Kontrolle hat!

3) Attackiere Deinen Feind:

Was sich in Jerusalem damals abspielte, war kein Sonntagspicknick. Die Situation war ernst. Der Wiederaufbau der Stadtmauern war ein Kampf ums nationale Überleben. Nehemia erkannte das. Daher der Aufruf:

> Kämpft für eure Brüder und Söhne, für eure Töchter und Frauen und für eure Häuser! (Nehemia 4,8 b).

Im physischen genauso wie im geistlichen Kampf gilt der gleiche Grundsatz: Leiste Widerstand! Wenn Du deprimiert und entmutigt bist, kämpfe dagegen an mit allen verfügbaren Mitteln. Finde Dich nicht ab mit diesem Zustand. Rede Dir nicht ein, es gäbe keinen Ausweg, und vor allem: Bade nicht im Selbstmitleid!

Uns muß bewußt sein: Wir befinden uns in einem geistlichen Kampf. Der Feind Gottes steht nicht untätig im Abseits. Er setzt schwere Artillerie ein, und seine bevorzugte Waffe ist die Entmutigung der Christen. Wieso? Weil er weiß, daß ein entmutigter Christ neutralisiert ist! Er ist in der Defensive. Er hat kein Kampfpotential mehr. Er beschäftigt sich nur noch mit sich selbst.

Erinnere Dich an den Rat des Jakobus: »Leistet dem Satan Widerstand, und er wird vor euch fliehen« (Jakobus 4,7).

4) Konzentriere Deine Energie:

Streß und Enttäuschung entsteht, wenn unsere Prioritäten nicht geordnet sind, wenn wir zwanzig Dinge gleichzeitig tun wollen und unsere Energien mit unnötigem Leerlauf verschleißen.

Nehemia und seine Mitarbeiter wußten, warum sie in Jerusalem waren:

> Wir aber gingen alle zur Mauer zurück, jeder an seine Arbeit (Nehemia 4,9).

Sie haben ihre Energie auf diese *eine* Aufgabe konzentriert. Jeder ging zurück an seine spezifische Arbeit. Sie hockten nicht herum und jammerten über die miserablen Umstände. Sie haben sich nicht gegenseitig bemitleidet, daß es ihnen so mies ging. Zurück auf die Mauer, Hand anlegen und weitermachen! Das war Nehemias Methode, nicht nur um die Mauern von Jerusalem, sondern auch um die deprimierten Herzen der Juden wieder aufzubauen.

Das Neue Testament formuliert es so:

> An dem, was ihr schon erreicht habt, müßt ihr auch festhalten. Bleibt nicht auf halbem Wege stehen! (Philipper 3,16 Hoffnung für alle).

Noch eine letzte Feststellung aus der Erfahrung Nehemias:

5) Kapituliere nicht:

Unser Gott wird für uns kämpfen! (Nehemia 4,14).

Bei all dem Widerstand von innen und außen wäre es für Nehemia am einfachsten gewesen, das Bauprojekt in Jerusalem einzustellen, seine Kamele zu packen und zurück nach Susa zu verduften. Aufhören, aufgeben und heimgehen!

Aber Nehemia gehörte nicht zu der Sorte, die schnell schlapp machen. Er wollte nicht aufgeben. »Unser Gott wird für uns kämpfen!« — das war sein Motto.

Laß mich Dich fragen: Was ist Dein Motto? Was motiviert Dich? Was treibt Dich an, weiterzugehen, auch wenn die Umstände nicht ideal und optimal sind?

Krisen waren für Nehemia nicht ein Grund zum Kapitulieren, sondern Ursache zum Kämpfen. Er war wie jener Offizier, der seine Truppen anfeuerte mit der Feststellung: »Leute, wir sind umzingelt vom Feind — laßt keinen einzigen von ihnen entwischen!«

Wie viel oder wie wenig braucht es, bis Du das Handtuch schmeißt? Glaubst Du, daß Gott auf Deiner Seite steht? Wenn ja, dann wirst Du feststellen: Es ist immer zu früh, um aufzugeben, und es ist nie zu spät, um weiterzumachen.

Dein Gott ist Deine Kraftquelle. *Mit ihm werden Schwierigkeiten zu Möglichkeiten.* Der Schreiber des Hebräerbriefes sagt zu einer Gruppe von verfolgten und deprimierten Judenchristen:

> Wir wollen durchhalten in dem Lauf, zu dem wir angetreten sind. Dabei wollen wir Jesus nicht aus den Augen lassen. Er ist uns auf dem Weg des Vertrauens vorausgegangen und bringt uns auch ans Ziel (Hebräer 12,1-2).

Gib nicht auf — eine Enttäuschung kann das Ende einer Täuschung sein — Gott kann ein Minus in ein Plus verwandeln!

Große Leute sind gewöhnliche Leute mit außerge-
wöhnlichem Standvermögen. Sie lassen sich einfach
nicht unterkriegen. Sie geben nicht auf! Gib nicht auf —
das ist die Antwort auf die Frage, wie man Entmutigung
überwindet.

Zur Vertiefung:

Schwierigkeiten können entweder *Stolpersteine* oder
Bausteine werden. Welches von beidem zutrifft, darüber
entscheiden wir selbst. Ist Dir schon einmal aufgefallen,
mit welch enormen Hindernissen manche behinderten
Menschen leben müssen und dabei doch glücklich sind?
Auf der anderen Seite gibt es Leute, die regen sich auf,
weil der Farbton des neuen Teppichs nicht genau mit den
Vorhängen übereinstimmt. Nichtigkeiten werden für
manche zu überbewerteten Wichtigkeiten! Frage Dich
selbst: Wie steht es da bei mir? Neige ich dazu, aus Mük-
ken Elefanten zu machen?

Vielleicht aber befindest Du Dich momentan wirklich
in einem Zustand der Entmutigung! Dann bedenke:
Manche harten Lebenserfahrungen lassen sich bei aller
Vorsicht und Weisheit nicht vermeiden. Doch wie ich
mit dem Problem umgehe, das liegt in meiner eigenen
Verantwortung, das kann ich weder auf meine Gene
noch auf meine Großmutter abschieben. Wie ich auf
Schwierigkeiten reagiere, das ist meine eigene Wahl.

Das Projekt für dieses Kapitel möchte Dir hier eine
Hilfe sein. Bitte überdenke die folgenden Fragen:

1) In welchem Alltagsbereich werde ich am ehesten entmutigt?

_____

2) Welche der folgenden Faktoren fördern den Deprimierungsprozeß bei mir:
   * Müdigkeit:
   * Frustration:
   * Versagen:
   * Angst:
   * Isolierung:
   * Anderes:

3) Wie reagiere ich auf entmutigende Situationen? Auf wen oder was (ausgenommen Gott) stütze ich mich, um aus dem Kreis auszubrechen?

_____

_____

4) Welche konkreten Schritte kann und muß ich in der nächsten realen Situation selbst unternehmen, um gar nicht erst in die Phase der Entmutigung hineinzugeraten:
   (Konsultiere den Abschnitt »Was tun, wenn ich am Ende bin«)

_____

_____

Meditiere diese Woche über folgende Aussage des Paulus: »Obwohl ich von allen Seiten bedrängt bin, werde ich nicht erdrückt. Obwohl ich oft nicht mehr weiter weiß, verliere ich nicht den Mut. Ich werde verfolgt, aber Gott verläßt mich nicht. Ich werde niedergeworfen, aber ich komme wieder auf« (2. Korinther 4,8).

Wie kann ich Versuchung überwinden?

Freuen darf sich, wer auf die Probe gestellt wird und sie besteht; denn Gott wird ihm den Siegeskranz geben: das ewige Leben, das er allen versprochen hat, die ihn lieben.

Wenn ein Mensch in Versuchung geführt wird, darf er nicht sagen: »Gott hat mich in Versuchung geführt.« Gott kann nicht zum Bösen verführt werden, und er selbst verführt keinen. Es sind die eigenen Wünsche, die den Menschen ködern und fangen. Wenn einer ihnen nachgibt, wird sein Begehren gleichsam schwanger und gebiert die Sünde. Und wenn die Sünde sich auswächst, führt sie zum Tod.

Meine lieben Brüder, täuscht euch nicht! Lauter gute Gaben, nur vollkommene Gaben kommen von oben, von dem Schöpfer der Gestirne. Bei ihm gibt es kein Zu- und Abnehmen des Lichtes und keine Verfinsterung. Aus seinem freien Willen hat er uns durch das Wort der Wahrheit, die Gute Nachricht, ein neues Leben geschenkt, damit wir als die ersten unter seinen Geschöpfen ans Ziel gelangen. (Jakobus 1,12-18)

Marcus Antonius, Zeitgenosse der Kleopatra und des römischen Kaisers Augustus, war als der »große Redner Roms mit der silbernen Stimme« bekannt. Er war ein brillanter Staatsmann, unbezwingbar in der Schlacht, mutig und stark. Und er war ein sehr gutaussehender Mann. Soweit es seine persönlichen Qualitäten betraf, hätte er ein Weltherrscher werden können wie sein Gegenspieler Octavianus, der spätere Augustus. Aber Marcus Antonius hatte eine moralische Schwäche, einen fatalen Charakterfehler; und so groß war dieser, daß sein Lehrer ihm bei einer Gelegenheit ins Gesicht schrie: »Oh Marcus, du kolossales Kind! Fähig die Welt zu erobern, aber unfähig, einer Versuchung zu widerstehen!«

Unfähig einer Versuchung zu widerstehen! Das ist eine Feststellung, die nicht nur auf Antonius zutrifft, sondern auch auf viele von uns.

In einem Buch über Lebens-Schwierigkeiten wäre es unrealistisch, nicht über Versuchung zu reden. Jeder von uns ist tagtäglich mit einem ganzen Arsenal von verlockenden Verführungen konfrontiert. Theo Lehmann formuliert es so:

> In dem Leben, das man führt,
> da ist vieles, was Gott stört.
> Wie der Mensch nun einmal ist,
> macht er Fehler — auch der Christ.
>
> Auch der größte Glaubensheld
> machmal in die Tiefe fällt.
> Und wer denkt, er ist perfekt,
> hat sich selbst noch nicht entdeckt.
> (Th. Lehmann, *Knapp daneben ist auch vorbei*, Oncken-Verlag)

Wir müssen uns dabei von vornherein über folgendes klar sein: Es gibt noch andere Versuchungen als nur die sinnlichen. Wenn wir uns darauf fixieren, nur der sexuellen Verführung zu widerstehen, dann machen wir es Horden von anderen Versuchungen leicht, sich von hinten ranzuschleichen: der Versuchung zu klatschen, Leute zu beneiden, geizig zu sein, andere zu verurteilen, sich selbst zu bemitleiden, und und und … Legionen von Versuchungen testen unseren Charakter tagtäglich.

Wir werden mit den Granaten der Verführung, der Verlockung, der Verleitung bombardiert — mit dem einen Ziel: Es soll eine Kluft entstehen zwischen mir und dem Gott, der mich lieb hat ...

Der Jakobusbrief ist eines jener Bücher des Neuen Testaments, die nur so von praktischen, lebensnahen Themen strotzen. Gottes Wort erbaut nicht bloß, es stellt auch bloß. Offen und ehrlich redet Jakobus von den Schwierigkeiten, mit denen auch Christen konfrontiert sind.

In den ersten 12 Versen des 1. Kapitels redet der Apostel von Prüfung; dann, im 13. Vers, wechselt er das Thema und erklärt, wie man mit Versuchung sinnvoll umgeht. Da stellt sich die Frage nach dem Unterschied:

1. Der Unterschied zwischen Prüfung und Versuchung

Prüfung: Situationen, die von Gott entworfen sind, um uns näher zu sich zu führen, um Wachstum in uns zu erzeugen.

Versuchung: Situationen, die vom Satan entworfen sind, um uns von Gott wegzuführen und uns innerlich auszuhöhlen.

2. Vier vitale Tatsachen

1) Versuchung ist sicher

Wenn ein Mensch in Versuchung geführt wird ... (Jakobus 1,13 a).

Beachte: Es heißt »wenn« ein Mensch versucht wird, nicht: »falls« er versucht wird. Jeder Christ wird mit Versuchung konfrontiert. Manchmal geschieht das so raffiniert, daß wir es nicht einmal bemerken. Egal wo ein Mensch lebt, der Versuchung kann er nicht entfliehen.

Warum? Weil unsere *Gedanken* das Vehikel der Verführung sind. Der Mönch hinter der Klostermauer ist so wenig geschützt wie der Geschäftsmann in Zürich, Berlin oder London. Trotzdem, es gibt keine Versuchung, in die Du hineingerätst, welche Gott nicht versteht oder für die er Dir keine Kraft gibt (1. Korinther 13,10).

2) Versuchung ist selbstbewirkt

»... Gott selbst verführt keinen« (Jakobus 1,13 b).

Jakobus läßt keinen Zweifel offen: Gott versucht nicht. Das heißt, er ist nicht einmal indirekt derjenige, welcher zur Sünde reizt. Wenn wir uns betören lassen, dann geschieht das durch eigene Wahl. Gottes Charakter ist unantastbar. Wenn wir in der Versuchung nachgeben, dann ist das unsere eigene Verantwortung. Der Reiz an sich macht uns nicht schuldig, stellt uns aber vor eine Wahl. Wie wir uns entscheiden, dafür legen wir Rechenschaft ab.

3) Versuchung ist selektiv

Es sind die eigenen Wünsche ... (Jakobus 1,14).

Was Dich nicht reizt, verführt Dich nicht. Versuchung ist immer maßgeschneidert, auf Deine individuellen Bedürfnisse zugeschnitten. Du wirst nicht mit etwas versucht, das Dich nicht lockt. Wer keinen Geschmack für Nikotin hat, kann sich nicht vorstellen, daß Rauchen süchtig machen kann. Wer keinen Spaß an Karten hat, kann sich nicht erklären, daß einer vom Spielen abhängig ist. Manche Dinge werden Dich nie versuchen — ganz einfach deshalb, weil der innere Wunsch dazu bei Dir nicht vorhanden ist.

Versuchung funktioniert selektiv, individuell angepaßt. Das macht sie so gefährlich.

4) Versuchung ist systematisch

Die Versuchungsbereiche variieren von Person zu Person, der Versuchungsablauf jedoch folgt immer wieder den gleichen Prinzipien. Das bringt uns zum nächsten Abschnitt.

3. Die Anatomie des Angriffs

Was spielt sich ab im Versuchungsprozeß? Jakobus beschreibt es eindrücklich. Eine Kettenreaktion in vier Phasen:

1) Das Begehren: der »Wunsch« (Jakobus 1,14 a)

Jede Versuchung fängt innerlich an mit einem Wunsch. Das kann ein ganz legitimes Anliegen sein wie Essen, Schlafen, Trinken, sexuelle Befriedigung, soziale Anerkennung, berufliche Beförderung ... lauter ganz normale Dinge. Aber Versuchung nimmt einen Routinewunsch und rennt damit davon. Versuchung will ein *natürliches Begehren* auf falschem Weg zur falschen Zeit erfüllen! Der Feind Gottes kann einen normalen Wunsch in eine abnormale Lust verwandeln.

Versuchung beginnt also nicht mit äußeren Umständen, sondern mit inneren Gedanken.

2) Der Betrug: der »Köder« (Jakobus 1,14 b)

Jakobus benutzt zwei Begriffe aus der Fischersprache, um die nächste Phase zu beschreiben:

— Das Wort *»ködern«* (wörtlich: *»fortziehen«*) bedeutet *»in eine Falle locken«;* es beschreibt die intensive Anziehungskraft der Versuchung.

— Das Wort *»fangen«* bedeutet *»mit einem Köder gefangensetzen«;* es beschreibt das betrügerische Wesen der Versuchung.

Bist Du auch schon einmal Fischen gegangen? Wer von uns hat es versucht mit leerem Haken, ohne Köder? Ziemlich langweilige Sache. Tatsache ist, man fischt *mit* Köder, das ist viel wirkungsvoller. Aber da stellt sich für uns die Frage: Welchen Köder benützt der Feind Gottes bei mir? Nun, er weiß, wofür ich empfänglich bin. Er weiß, wo meine Schwächen liegen, er weiß, auf was ich am schnellsten anspreche! Meine Schwäche ist der Köder, der mich fängt.

Warum nenne ich diese zweite Phase der Versuchung die Betrugsphase? Weil unter dem Köder die Angel steckt. Wir knabbern am Köder, er schmeckt so elend gut — aber die Sache hat einen echten Haken!

Versuchung sieht immer besser aus als sie ist. Sie beginnt mit einem Begehren, und das führt zu einem Betrug und danach zu einem Fehler:

3) Der Fehler:

Was im Denken anfängt, wird früher oder später in eine Handlung übersetzt. Wer lange genug mit dem Köder geflirtet hat, der wird gefangen. Irgendwann wird das, was zuerst nur innere Gedanken waren, zur äußeren Tat. Jakobus sagt: Das Begehren wird »schwanger« und »gebiert« die Sünde (Jakobus 1,15 a).

Ungehorsam gegen Gottes Gebote hat immer Konsequenzen. Das führt zur letzten Phase im Versuchungsprozeß:

4) Die Folgen:

Da gilt das Gesetz von Ursache und Wirkung: »Wenn die Sünde sich auswächst, führt sie zum Tod« (Jakobus 1,15 b).

Was ist Tod? Das exakte Gegenteil von Leben. Der Lohn der Sünde ist der Tod, die Trennung von Gott.

Tod, griechisch *thanatos,* bedeutet Trennung. *Ewige Trennung* von Gott, wenn ein Mensch nicht in Jesus Christus Vergebung beansprucht hat. *Zeitliche Trennung* von der Gemeinschaft mit Gott, wenn ein Christ gegen seine Gebote verstößt.

Ich habe eine Wahl. Aber sobald ich gewählt habe, besitze ich nicht mehr die Freiheit, die Konsequenzen zu bestimmen!

4. Wie ist Überwindung möglich?

Es gibt hier keine Billiglösungen und keine magischen Tricks. Vier Buchstaben haben entscheidendes Gewicht:

N – E – I – N!   NEIN zu sagen zu uns selbst, ist etwas, was jeder lernen kann und lernen muß.

Doch zuerst einmal fängt Überwindung damit an, daß ich realistisch denke!

1) Sei vorsichtig in Deiner Beurteilung!

> Wenn ein Mensch in Versuchung geführt wird, darf er nicht sagen: Gott hat mich in Versuchung geführt (Jakobus 1,13 a).

Versuchung an sich macht mich nicht schuldig. Aber wie ich damit umgehe, das ist eine andere Frage! Jesus wurde versucht wie jeder Mensch auch — mit dem einen Unterschied: er gab der Versuchung nicht nach.

> Er gehört nicht zu denen, die kein Verständnis für unsere Schwächen haben. Im Gegenteil, unser Oberster Priester wurde genau wie wir auf die Probe gestellt, und blieb doch ohne Sünde (Hebräer 4,15).

Meine Beurteilung von mir selbst muß realistisch sein. Ich bin Mensch und deshalb versuchlich. Viele Christen stehen ganz hilflos vor den Gedanken, die ihnen durch den Kopf gehen: »Oh, ich fühle mich ja so mies, wie ist es nur möglich, daß mir so schreckliche Dinge in den Sinn kommen!« Es ist möglich, weil Du Mensch bist!

Die reale Tatsache ist, Du *wirst* versucht werden! Und nicht nur das, je konsequenter Du mit Jesus lebst, desto konzentrierter tritt Versuchung auf. Nicht einmal, sondern immer wieder. Jesus hat in seiner Prüfung in der Wüste den Feind überwunden. Aber der gibt nicht so schnell auf. Lukas beschreibt das so: »Als der Teufel mit all dem Jesus nicht zu Fall bringen konnte, ließ er ihn *vorläufig* in Ruhe« (Lukas 4,13). Vorläufig, aber nicht endgültig.

Wir meinen, eine Versuchung sei ein einmaliges Ereignis und dann sei die Sache erledigt. Weit gefehlt! Man kann eine einzelne Schlacht gewinnen, aber damit ist der Krieg noch nicht beendet. Sei realistisch, rechne damit, daß Dir der Feind auf die Bude steigt und daß Dein Widerstand gefordert ist.

2) Sei verantwortlich in Deiner Schwäche!

> Gott kann nicht zum Bösen verführt werden, und er selbst verführt keinen (Jakobus 1,13 b).

Das ist der nächste Schritt: Ich muß Verantwortung für mich selbst übernehmen. Weder Gott noch die Gesellschaft, weder meine Gene noch meine Großeltern sind letztlich verantwortlich für mein Verhalten. Ich muß mir meine eigene Schuld eingestehen.

Die natürliche Tendenz ist bekanntlich gerade entgegengesetzt: *Schuld abschieben!* Aber wenn ich je Versuchung überwinden will, dann muß ich meine Schwächen kennen, sie mir eingestehen und meine Verantwortung nicht auf meine Umstände abwälzen.

Im Römer 14,1 ist von denen die Rede, die einen »schwachen« Glauben haben. Wer ist der »Starke«, wer der »Schwache«? Jeder von uns ist stark in dem einen und schwach in dem anderen Bereich. Der »starke« Glaube kann Kontakt mit der Sünde überleben, ohne zu fallen. »Schwacher« Glaube muß bestimmte Situationen und Orte vermeiden, um sich selbst zu schützen.

Klug ist der, der seine Lücken kennt und nicht geradewegs ins Messer läuft.

Vorschlag: Mache ein Selbstinventar, um festzustellen: Wo sind meine Stärken und wo meine Schwächen? Rede darüber in Deiner Kleingruppe oder mit einer Vertrauensperson. Wer seine Defizite identifiziert hat und mit jemandem offen darüber reden kann, der schützt sich selbst und erspart sich den Gang zum Psychiater.

3) Sei vorbereitet in Deiner Strategie!

> Es sind die eigenen Wünsche, die den Menschen ködern und fangen. Wenn einer ihnen nachgibt, wird sein Begehren gleichsam schwanger und gebiert die Sünde. Und wenn die Sünde sich auswächst, führt sie zum Tod (Jakobus 1,14).

Bitte beachte wieder die beiden Worte »ködern« und »fangen«. Was will Jakobus sagen? Ich muß mich auf Versuchung vorbereiten, ich muß auf der Hut sein. Wo ein Köder ist, da ist ein Konflikt und eine potentielle Krise.

Versuchung warnt mich nicht zum voraus: Paß auf, morgen um 15.00 Uhr geht's los. Das Gegenteil trifft zu: Ich bin dann am anfälligsten, wenn ich es am wenigsten erwarte. Nach einem großen Erfolg, wenn ich einen Sieg errungen habe und mich selbst beglückwünsche.

Wie bereite ich mich auf Versuchung vor? Erstens, indem ich verstehe, wie sie funktioniert. Zweitens, indem ich eine Gegenstrategie entwickle.

Wir haben bereits festgestellt, wie der Verführungsprozeß sich konkret abspielt. Der Feind Gottes geht nach seiner langbewährten Taktik vor. Paulus schreibt dazu: »Der

Satan soll uns nicht überlisten. Wir kennen seine Absichten nur zu gut« (2. Korinther 2,11).

Das Wort »Absichten« hat die Bedeutung von »Plan«, »Muster« oder »Schema«. Der Widersacher Gottes geht planmäßig vor!

Und was machen wir? Wir überlassen die Verteidigung dem Zufall und spielen naiv weiter im Sandkasten. Was gibt uns das Recht, zu denken, daß wir ohne Gegenstrategie heil über die Runden kommen? Hast du eine solche Strategie? Ist sie zugeschnitten auf Deine persönlichen Versuchungsvarianten? Denk daran: Wer nicht von Wespen gestochen werden will, muß die Berührung mit ihnen vermeiden. Wenn Versuchung bei Dir anruft, nimm den Hörer nicht ab!

4) Sei vorwärtsgerichtet in Deinen Gedanken!

Ein Problem mit der Versuchung ist aber: Wenn Du den Hörer oft genug abgenommen hast, beginnst Du zu glauben, daß Du zum Widerstand gar nicht mehr fähig bist. Wenn Du oft genug versagt hast, fängst Du an, Dir selbst einzureden: »Ich schaff das nie!« Die vergangene Erfahrung konditioniert die Gegenwart, und so werden Deine Gedanken negativ geprägt. Selbstzweifel nisten sich ein. Wenn das Deine Situation ist, höre, was Jakobus zu sagen hat:

> Laßt euch also nichts vormachen, liebe Brüder! Alles, was gut und vollkommen ist, das kommt von Gott, dem Vater des Lichts. Er ist unwandelbar; niemals wechseln bei ihm Licht und Finsternis, Gutes und Böses (Jakobus 1,16-17 Hoffnung für alle).

Negative Gedanken müssen durch positive ersetzt werden. Wie geschieht das? Hier sind zwei Kanäle: Kontakt zu einer Kleingruppe und zu Gottes Wort.

Ehrliche Beziehungen und Umgang mit Gottes Wort beeinflussen meine Gedanken entscheidend: »Wie kann ein junger Mensch sein Leben meistern? Indem er tut, was du gesagt hast, Herr« (Psalm 119,9). Wer Gottes Wort in sich aufnimmt, dessen Gedanken werden gereinigt. Er kann sich neu orientieren und hat einen sicheren Wegweiser.

5) Sei verbunden mit Gott!

> Es war sein freier Wille, daß er uns durch das Wort der Wahrheit neues Leben geschenkt hat. So sollten wir der Anfang einer neuen Schöpfung sein (Jakobus 1,18 Hoffnung für alle).

Ohne Gottes Kraft wirst Du es nicht schaffen, da hast Du keine Chance! Du sagst vielleicht: »Ich versuche richtig zu leben, ich bemühe mich, ich strenge mich an!« Vergiß es, es gelingt nicht. Du brauchst eine Kraft, die größer ist als Deine eigene! Nur Jesus Christus gibt Dir diese Kraft, Dein Leben zu verändern.

Du kannst nicht Nein sagen zur Versuchung, wenn du nicht zuerst Ja gesagt hast zu Gott!

Wir reden hier nicht von Religion und Kirche, sondern von einer persönlichen Beziehung zu Gott. Er kennt Dich, er liebt Dich, Du bist für ihn von Bedeutung. Das hat er bewiesen, indem er für Dich ans Kreuz ging, um Deine Schuld zu tilgen. Er will Dir helfen, aus Schwierigkeiten Möglichkeiten zu machen; und das fängt damit an, daß Du seine Vergebung für Dich beanspruchst.

Fassen wir zusammen: Versuchung ist kein harmloses Spielzeug. Wer mit dem Feuer spielt, der verbrennt sich die Finger. In der Versuchung gibt es letztlich nur zwei Möglichkeiten: *Flirt* oder *Flucht!*

Unser Motto: *Vorbeugen durch Vorsatz!* Widerstand ist einfacher, wenn er vorsätzlich geschieht. Dein Vorsatz kann eine Schwierigkeit in eine Möglichkeit verwandeln.

Zur Vertiefung:

Manche von uns stehen in diesem Moment vielleicht mitten in einer handfesten Versuchung. Niemand sonst weiß das. Andere von uns flirten gerade mit etwas, von dem sie ganz genau wissen, daß es nicht richtig ist. Dir ist bewußt, daß ein Haken im Köder sitzt. Du sagst: »Ich weiß, ich sollte es nicht tun, ich weiß, daß es nicht richtig ist; aber ich bin erwachsen, ich kann damit umgehen, ich hab die Situation im Griff, ich bin stark genug!« Laß mich Dir eine Frage stellen: Wem versuchst Du etwas vorzumachen? Du befindest Dich bereits in der Phase zwei: Das *Begehren* ist da und der *Betrug* ebenfalls.

»Wie nahe kann ich ans Feuer ran, ohne mich zu verbrennen« — ist das wirklich die Frage? Wie ernsthaft hast Du Dir Gedanken gemacht über eine Strategie gegen Versuchung in Deinem Leben? Als Projekt für dieses Kapitel denke über die folgenden Fragen nach:

1) Bist Du auf Dich selbst angewiesen, wenn es um persönliche Versuchung geht, oder hast Du jemanden, dem du Rechenschaft über Dein »Privatleben« geben kannst? Denk an jemand, den Du um Hilfe bitten

könntest bei der Überwindung von bestimmten Versuchungen. Notiere den Namen dieser Person:

_____

2) Welche Lebensbereiche sind für Dich problematisch? Wo bist Du am empfindlichsten für Versuchung? Wo hast Du im Moment keine Kontrolle? Ist es Dein Temperament, Deine Zunge, Deine Eßgewohnheiten, Deine Ehe, Dein Job, Deine Schule, Dein sexuelles Verlangen, Dein Ehrgeiz, Deine Eifersucht, Deine Finanzen ...
Der erste Schritt ist eine realistische Beurteilung, das zugeben: Ich habe ein Problem, ich brauche Hilfe. Notiere den Bereich, den Du als erstes in den Griff bekommen möchtest.

_____

3) Überlege einige konkrete Möglichkeiten, wie Du Versuchung in diesem Gebiet überwinden kannst. Diskutiere Deine Ideen mit Deiner Vertrauensperson. Ist die Strategie realistisch und machbar?

_____

_____

4) Bitte lies diese Woche: 1. Korinther 10,13 / Galater 6,1-2 / 1. Petrus 5,8-9.

Wie werde ich Depression los?

Wie ein Hirsch nach frischem Wasser lechzt,
so sehne ich mich nach dir, mein Gott!
Ich dürste nach Gott,
nach dem wahren, lebendigen Gott.
Wann darf ich zu ihm kommen,
wann darf ich ihn sehen?
Tränen sind meine Nahrung bei Tag und Nacht,
weil man mich ständig fragt:
»Wo bleibt er denn, dein Gott?«
Wenn ich an früher denke, geht das Herz mir über:
Da zog ich mit der großen Schar zum Hause Gottes,
da konnte ich jubeln und danken in der feiernden
Menge.
Warum bin ich so verstört?
Muß ich denn verzweifeln?
Auf Gott will ich hoffen!
Ich weiß, ich werde ihn noch einmal preisen,
ihn, meinen Gott, der mir hilft.
(Psalm 42,2-6)

Winston Churchill, der britische Staatsmann, litt schrecklich unter Depressionen; er sagte, sie verfolgten ihn wie ein »schwarzer Hund«. Ernest Hemingway, der berühmte Autor, wurde so von Depressionen geplagt, daß er seinem Leben ein Ende setzte. Romy Schneider starb mit 43 Jahren an einer Tabletten-Überdosis; Grund: Depressionen wegen des Todes ihres Sohnes. Melisande Pulver, Tochter der bekannten Lilo Pulver, sprang mit 21 Jahren vom Berner Münster: sie litt an schweren Depressionen.

Schwermut ist die Psychoseuche Nummer Eins. In Deutschland schätzt man den Anteil der depressiven Menschen auf 25 Prozent der Gesamtbevölkerung. Fachleute gehen davon aus, daß mindestens 12 Prozent der Erwachsenen im Laufe ihres Lebens eine depressive Phase durchmachen, die so schwer ist, daß eine Behandlung nötig wird.

Wenn wir uns mit diesem Thema beschäftigen, dürfen wir keine falschen Erwartungen wecken. Man kann nicht in 30 Minuten ein Problem lösen, das sich seit 30 Jahren angestaut hat. Manche Lebensnöte sind tiefsitzend, und Heilung braucht Zeit.

Andere Schwierigkeiten schaffen wir uns selbst auf ganz unnötige Weise, und wir könnten schnell Befreiung finden, wenn wir nur wollten.

Was immer Deine persönliche Situation ist — ich bin überzeugt, daß durch Gottes Wort und Deinen Willen bestimmte Veränderungen möglich sind.

1. Wie drückt sich eine Depression aus?

Sie ist ein Zustand der Niedergeschlagenheit, der Freudelosigkeit und der Abneigung gegen sich selbst, bis hin zu Selbstmordgedanken. Im körperlichen Bereich zeigt sich der melancholische Zustand durch fehlenden Appetit, Verstopfung, Schlafstörungen, Müdigkeit und eingeschränkte Spontaneität.

2. Wer wird depressiv?

Untersuchungen haben gezeigt, daß Frauen etwa doppelt so häufig wegen depressiver Störungen behandelt werden als Männer. Nach neueren Studien nehmen depressive Zustände unter jungen Menschen deutlich zu. Prof. Michael Dieterich schreibt:

> Frauen erkranken häufiger vor ihrem 35. Lebensjahr, während die höchste Erkrankungsrate bei Männern ... zwischen 55 und 70 anzutreffen ist. Was den Familienstand betrifft, so ergibt sich eine eindeutige Rangfolge: Am wenigsten depressiv sind verheiratete Männer, gefolgt von verheirateten Frauen, alleinstehenden oder verwitweten Frauen und alleinstehenden, verwitweten oder geschiedenen Männern. Am depressivsten sind getrennt lebende oder geschiedene Frauen (Handbuch Psychologie und Seelsorge, S. 200).

Auch Christen werden von Schwermut nicht verschont. Selbst biblische Persönlichkeiten waren nicht gegen Depressionen immun:

Mose war während der Wüstenwanderung an einem Punkt angelangt, wo er seine Führungsverantwortung aufgeben wollte; er war so deprimiert, daß er mit allem, auch seinem Leben, Schluß machen wollte (4. Mose 11,10-15).

Jeremia weinte bitterlich wegen der Zerstörung Jerusalems und weil seine eigene Situation ihn seelisch fertigmachte (Klagelieder 2 und 3).

Hiob saß mitten auf einem Aschehaufen, kratzte sich mit einer Tonscherbe und hörte dem deprimierenden Rat seiner miserablen Freunde zu (Hiob 2-19).

Elia fiel in das dunkle Loch der Depression nach seinem Sieg am Karmel (1. Könige 19).

Davids Erfahrung mit Niedergeschlagenheit ist im 42. Psalm aufgezeichnet.

Johannes der Täufer erlebte ein Tief, als er in seiner Gefängniszelle lag und sich fragte, wo der Messias war (Matthäus 11,2-3).

Paulus spricht von Zeiten, in denen er über die Maßen bedrückt war: »Die Last, die ich zu tragen hatte, war so groß, daß es über meine Kraft ging. Ich hatte keine Hoffnung mehr, mit dem Leben davonzukommen« (2. Korinther 1,8).

Die Ehrlichkeit des Paulus ist wohltuend. Er hat nicht versucht, unter seinen Mitarbeitern den Eindruck des unerschütterlichen Glaubenshelden zu erwecken. Er gab zu, daß der Druck über seine Kraft ging, daß er seine Grenzen erreicht hatte und deprimiert wurde. Er hatte keine Reserven mehr, auf die er hätte zurückgreifen können. Wieso ließ Gott das zu? Die Antwort des Paulus ist für unsere heutige Zeit aufschlußreich:

> Das geschah, damit ich nicht auf mich selbst vertraue, sondern mich allein auf Gott verlasse, der die Toten lebendig macht (2. Korinther 1,9).

Auch Christen werden also depressiv, aber nicht jede Depression ist mit mangelndem Glaubensleben zu erklären. Grundsätzlich kann jeder von einem »Down« betroffen werden — je sensibler und gewissenhafter jemand ist, desto eher. Vor allem Leute, die zu Perfektionismus neigen, sind gefährdet. Wer bewußt oder unbewußt unrealistische Anforderungen an sich selbst stellt, der schafft eine Spannung, die leicht in Verzagtheit umschlagen kann.

Was sind andere verursachende Momente?

3. Was löst Depressionen aus?

Die Fachleute unterscheiden gewöhnlich zwei Formen von Depressionen: »Endogene« und »Exogene«.

1) Die endogene Depression:

Endogen heißt »von innen kommend«. Die Ursache liegt hier bei einer internen Stoffwechselstörung, die organisch bedingt ist. Der Zusammenhang zwischen dem Hormonhaushalt und Depression ist schon lange bekannt. Beispiele sind die Wochenbett- und die Altersdepression.

2) Die exogene Depression:

Exogen heißt »von außen einwirkend«. Das ist jene Depression, die als Antwort auf irgendwelche Umweltereignisse entstanden ist. Es ist die häufigere Erscheinungsform, und mit ihr befassen wir uns eingehender, weil wir für diese Tiefs oft selbst verantwortlich sind.

Endogene Depressionen gelten als die schwerwiegendere Form, aber sie machen nur rund ein Zehntel aller Schwermut aus. Sie gehören in die Hände des Arztes. Er kann zum Beispiel Störungen im Hormonhaushalt medikamentös behandeln.

Exogene Depressionen werden durch belastende Lebenserfahrungen verursacht, und da sind die auslösenden Faktoren sehr vielfältig:

Verlusterlebnisse: Verlust oder Trennung von Menschen und Dingen, die wir lieben, Entwurzelung, das »Leere-Nest-Syndrom«, der »Pensionierungs-Schock«.

Vergangenheitsbelastung: Eigenes schuldhaftes Verhalten, unvergebene Schuld von anderen Personen, Elternkonflikte.

Negative Denkmuster: Selbstvorwürfe, Selbstanklage, Selbstkritik, Selbstmitleid, Versündigungsideen.

Beziehungsstörungen: Spannungen in der Ehe, Mangel an mitmenschlichen Beziehungen, Isolierung, Einsamkeit.

Arbeitsüberlastung: Leistungsdruck, Perfektionismus, körperliche Überforderung, Streß, ungünstiges Arbeitsklima.

Uns muß klar sein: Es gibt Depressionen, für die ist ein Mensch selbst verantwortlich, und es gibt solche, auf die hat er keinen Einfluß. Entscheidend ist jedoch, was wir daraus machen. Zur Klarstellung:

Depression ist keine Sünde, sondern ein Symptom! Sie ist ein Signal dafür, daß irgendwo ein Problem vorliegt.

Niedergeschlagenheit muß kein Schicksal sein; wir können in den meisten Fällen auf die Ursachen reagieren.

4. Niemand muß so bleiben, wie er ist

Die Kernaussage dieses Buches lautet: *Schwierigkeiten schaffen Möglichkeiten,* nämlich die Möglichkeit zur Veränderung. Probleme in unserem Leben haben Potential.

Sie können zum Stolperstein oder zum Trittstein werden. Auf unsere Einstellung kommt es an. Schwierigkeiten sind ein Anzeichen dafür, daß eine Entwicklung stattfindet, und die Richtung dieser Entwicklung können wir beeinflussen und mitbestimmen.

Ein praktisches Beispiel

Elia war ein gewöhnlicher Mensch, der ein außergewöhnliches Leben führte. Er wirkte als Prophet zu einer Zeit, wo der geistliche Horizont Israels sich in einem chaotischen Zustand befand — zur Zeit Ahabs, einer der miesesten Könige Israels (1. Könige 16,29-33). Ahabs Frau Isebel war eine phönizische Baalanbeterin. Sie hatte König Ahab und durch ihn ganz Israel zum Götzendienst verleitet. Sie war es auch, die Elia mit dem Tod bedrohte, nachdem er auf dem Karmel über die Baalpriester einen grandiosen Sieg errungen hatte (1. Könige 18).

Der Prophet Gottes erschrak über diese Drohung derart, daß er in die Wüste Negev floh und depressiv wurde. Er setzte sich unter einen Strauch und wollte sterben. Nach dem öffentlichen Triumph auf dem Karmel die persönliche Tragödie in der Wüste ...

Elia war ein idealer Kandidat für eine Depression: Körperlich am Ende und emotional erschöpft. Er war innerlich und äußerlich fix und fertig. Er wollte seinen Propheten-Ausweis abgeben und seine Berufung an den Nagel hängen. Ja noch schlimmer, er war lebensmüde und bereit aus allem auszusteigen.

Elia war ein Mensch wie wir (Jakobus 5,17). Er hatte dieselben Probleme wie wir, er wurde depressiv wie wir, und von seiner Erfahrung können wir lernen, nämlich folgendes: *Gefühle werden verursacht durch Gedanken!* Was wir denken, beeinflußt, wie wir empfinden. Um sein »Down« zu überwinden, mußte Elia lernen, seine Gedanken zu korrigieren.

1) Konzentriere Dich auf Gegebenheiten, nicht auf Gefühle!

Wieso wurde Elia depressiv? Er hatte ein paar Denkfehler gemacht. Der erste war der: Er verließ sich auf seine Gefühle.

»Da packte Elia die Angst, und er floh, um sein Leben zu retten« (1. Könige 19,3).

Angst ist eine potente Emotion und macht kopflos. Die Furcht vor Isebel hat Elia zur Flucht getrieben. Danach hat er sich wie eine Flasche gefühlt.

Ist Dir das auch schon passiert? Du hast einen Bock geschossen, und nachher kommst Du Dir vor wie die größte Niete. Deine negativen Gefühle manipulieren Dich und vermitteln Dir ein negatives Selbstbild – völlig zu unrecht!

Gefühle sind gefährlich, weil sie oft unzuverlässig sind. Wegen *eines* Fehlers ist einer doch noch lange kein Versager! Jeder lebendige Mensch macht Fehler. Konzentriere Dich nicht auf Deine Gefühle, sondern auf Gottes Wort. Das befreit – auch von Dir selbst!

2) Vergleiche Dich nicht mit anderen!

Der zweite Fehler Elias hatte ebenfalls mit seinen Gedanken zu tun. Wir lesen:

Dann setzte er sich unter einen Ginsterstrauch und wünschte den Tod herbei. Herr, ich kann nicht mehr, seufzte er. Laß mich sterben! Ich bin nicht besser als meine Vorfahren (1. Könige 19,4).

Niedergeschlagenheit kann dadurch verursacht werden, daß wir uns mit anderen vergleichen. Die meisten Leute tun das, und es schadet ihnen. Jeder Mensch ist einzigartig. Auch Du! Jeder von uns kann nur eine Person sein — sich selbst. Wer sich konstant mit anderen vergleicht, wird unweigerlich deprimiert. Du bist Du, und kein anderer ist wie Du. Dich gibt es nur einmal unter fünf Milliarden!

Wenn wir uns mit anderen vergleichen, machen wir einen kapitalen Fehler: Wir vergleichen unsere Schwäche mit der Stärke des anderen, ohne zu bedenken, daß dieser andere Schwächen hat, wo wir stark sind.

3) Übernimm keine falschen Anklagen!

Der Prophet hat sich selbst angeklagt für Geschehnisse, die nicht sein Fehler waren:

Ich habe mich leidenschaftlich für dich, den Gott Israels und Herrn der ganzen Welt, eingesetzt; denn die Israeliten haben den Bund gebrochen, den du mit ihnen geschlossen hast, sie haben deine Altäre niedergerissen und deine Propheten umgebracht ...
(1. Könige 19,10).

Was Elia sagt, ist: »Ich habe mich die ganze Zeit für dein Volk abgemüht, aber sie wollen nichts von dir wissen, sie widerstehen dir immer noch. Sie leben immer noch wie eh und je.«

In seiner Enttäuschung klagt sich Elia selbst an, daß er nicht fähig war, eine Änderung zu bewirken. Wer das tut, wird immer deprimiert! Wer Verantwortung übernimmt, die Gott ihm nie zugedacht hat, lebt unter einer schweren Bürde.

Wer anderen Menschen helfen will, der lernt früher oder später, daß die Leute sich nicht immer helfen lassen. Du bist nicht verantwortlich für diese Reaktion! Laß Dich nicht zermürben, wenn andere sich nicht verändern. Klage Dich nicht an für ihre Entscheidung.

4) Übertreibe nicht das Negative!

Elia machte einen vierten Fehler: Er dramatisierte sein Problem. Er sagte Gott:

> Ich allein bin übriggeblieben, und nun wollen sie auch mich noch töten (1. Könige 19,10).

Der Prophet war so niedergeschlagen, daß er im Selbstmitleid förmlich badete: »Ich bin am Ende, es ist aus und vorbei, *alle* sind gegen mich.«

Das war ziemlich übertrieben. Tatsächlich war nur eine einzige Person wirklich gegen ihn: Isebel, die Frau Ahabs. Elia ließ sich von seinen Gefühlen leiten. Hätte er nüchtern geurteilt, dann hätte er erkannt, daß Isebel es gar nicht wagte, ihn aus dem Weg zu räumen. Sicher, sie hatte einen Boten geschickt, um ihm zu drohen. Aber, warum hatte sie nicht gleich einen Killer an seine Tür geschickt? Isebel war viel zu klug, um Elia umzubringen. Sie wußte, wie groß sein Einfluß war. Sein Tod hätte ihn zum Märtyrer gemacht und vielleicht eine Revolution ausgelöst. Ihre Worte waren nur eine Drohung; sie wollte den Propheten zur Flucht veranlassen, um ihn vor der ganzen Nation als Feigling hinzustellen.

Und was machte Elia? Er rannte weg!

Wenn wir deprimiert sind, geht es uns ähnlich! Wir übertreiben das Negative. Alles sieht schwarz aus, jeder ist gegen uns, nichts hat mehr einen Sinn. Elias übertriebene Perspektive machte seine Depression nur noch schlimmer.

Was war Gottes Gegenmittel für die Schwermut des Propheten?

5. Eine heilsame Therapie

1) Überwache Deine körperlichen Bedürfnisse!

Wir haben gelesen, wie Elia sich unter einen Ginsterstrauch legte und einschlief. Da kam ein Engel, berührte ihn und sagte: »Steh auf und iß!« Elia schaute sich um und entdeckte einen Brotfladen und einen Wasserkrug. Er aß und trank und wurde so gestärkt (1. Könige 19,5-8).

Gottes Therapie für Elias Depression war Stille und Speise! Hast Du das nicht auch schon selbst erlebt, mit einem müden Kopf und einem leeren Magen fällt das Stimmungs-Barometer sehr schnell. Seelische und körperliche Erschöpfung machen depressionsanfällig.

Beachte, wie verständnisvoll Gott mit Elia umging. Er hat ihn nicht abgekanzelt oder verdonnert, er hat ihm nicht fünfundzwanzig Bibelverse über Verzagtheit unter die Nase gestrichen! Gott hat sich um seine körperlichen Bedürfnisse gekümmert. Er deckte ihm den Tisch!

Wenn Du starken Stimmungsschwankungen unterworfen bist, dann solltest Du Dich vielleicht stärker um Deine gesundheitlichen Bedürfnisse kümmern. Ein gesünderer Speisezettel, vernünftigere Schlafzeiten oder ein Fitneßprogramm können einiges bewirken. Deine körperliche Verfassung hat einen wesentlichen Einfluß auf Deine Stimmung!

2) Übergib Deine Frustrierung Gott!

Später, am Berg Horeb, übernachtete Elia in einer Höhle. Am Morgen fragt ihn Gott: »Elia, was willst du hier?« Das ist eine gute Frage. »Was machst du da eigentlich?« Gott gibt ihm eine Gelegenheit, nachzudenken. Die Antwort des Elia:

> Herr, ich habe mich leidenschaftlich für dich, den Gott Israels und Herrn der ganzen Welt, eingesetzt ... Ich allein bin übriggeblieben, und nun wollen sie auch mich noch töten (1. Könige 19,9-10).

Elia gießt sein Herz aus. Er gibt allen seinen Gefühlen Ausdruck. Gott erlaubt ihm, Dampf abzulassen!

Gott ist ein Gott der Realität. Es ist, als ob er zu Elia sagt: »Wenn Du innerlich verärgert und verletzt bist, rede mit mir über Deine Gefühle. Ich kenne sie bereits, und ich bin nicht schockiert.« Elia hatte Angst, er war einsam, verbittert, verärgert und mit falschen Schuldgefühlen beladen, und das ist genug, um jeden von uns in ein schwarzes Loch zu kippen.

Gott läßt Elia seine Frustrierung ausdrücken, und genau das brauchen auch wir, wenn wir unsere Ohren hängen lassen. Haben wir doch den Mut, Gott ehrlich zu sagen, wie es uns wirklich geht!

3) Überdenke Gottes Gegenwart in Deinem Leben!

Als nächstes wird zu Elia gesagt: »Verlaß die Höhle und tritt auf den Berg vor mich hin!« (1. Könige 19,11). Was dann folgte, war eine audiovisuelle Show, die der Prophet nicht so schnell wieder vergaß. Interessant ist aber: Was Elia wirklich fesselte, war nicht die spektakuläre Machtdemonstration, sondern die leise Stimme Gottes.

Das ist auch heute noch so: Gott redet gewöhnlich nicht durch dramatische Zeichen zu uns, sondern in der Stille. Nicht Wunder, Feuer und Erdbeben, sondern viel häufiger sein eigenes Wort, gesprochen in der Stille, verändert unser Leben. Es gibt kein wirksameres Antidepressivum als die persönlich erfahrene Kommunikation und Gemeinschaft mit Gott.

4) Überlege den nächsten Schritt!

Die vierte Therapie zur Überwindung eines seelischen Tiefs finden wir in 1. Könige 19,15: »Da befahl ihm der Herr: Geh den Weg zurück, den du gekommen bist! Geh bis nach Damaskus ...«

Der entmutigte Prophet bekommt einen neuen Auftrag. Gott gibt ihm Arbeit, er läßt ihn nicht einfach mit einer melancholischen Stimmung herumsitzen und die Wüstenfüchse zählen.

Der schnellste Weg, um aus der Verzagtheit wieder herauszukommen, ist ein neues Projekt. Nicht sitzenbleiben im Selbstmitleid, sondern die Augen von sich abwenden und auf andere richten — dadurch entsteht eine neue und gesunde Perspektive.

Vielleicht hast Du versagt. Na und?
Vielleicht hast Du wirklich Mist gebaut. Was soll's?
Gott ist nicht überrascht, noch viel weniger schockiert. Er weiß, daß Du nur ein Mensch bist und Ermutigung brauchst. Er hat Dich noch nicht pensioniert! Er möchte Dir eine neue Perspektive geben!

Veränderung ist möglich — sie fängt an mit einer persönlichen Beziehung zu Gott. Dadurch wird nicht automatisch jedes Tief geheilt, aber ohne Christus in unserem Leben ist Veränderung nicht möglich. Bitte ihn, Dir eine neue Perspektive zu schenken.

Zur Vertiefung:

Depression ist keine Sünde, sondern ein Symptom. Ein Hinweis darauf, daß irgendwo Schwierigkeiten bestehen. Ein Signal dafür, daß eine Veränderung notwendig ist. Niedergeschlagenheit muß kein Schicksal sein. Gefühle werden verursacht durch Gedanken, und Gedanken können beeinflußt werden, ob positiv oder negativ. Wir haben die Möglichkeit, zu reagieren.

Egal wo Dein Stimmungsbarometer im Moment steht, vermerke, welche der folgenden Situationen für Dich zutreffen:

___ Verlust eines Partners, einer Freundschaft oder einer Beziehung

___ Verlust einer Arbeitsstelle, eines liebgewordenen Besitzes

____ Schuld, die ich mir selbst nicht vergeben kann

____ Schuld einer anderen Person, die ich nicht vergeben kann

____ Elternkonflikt, Spannungen mit Verwandten oder Freunden

____ Selbstvorwürfe, Selbstanklage, Selbstkritik

____ Selbstmitleid, Selbstorientierung

____ Krise in der Ehe

____ Zorn oder Agressionen gegen andere

____ Isolierung, Einsamkeit

____ Leistungsdruck am Arbeitsplatz

____ Körperliche Überforderung

____ Hohe Selbstansprüche, perfektionistische Tendenzen

____ Unfähigkeit, sich zu entspannen.

Jeder einzelne dieser genannten Faktoren kann eine mehr oder weniger starke Stimmungsschwankung bewirken. Wenn Du in letzter Zeit deprimiert gewesen bist, laß Dich ermutigen durch die Tatsache, daß Du damit nicht allein bist — selbst biblische Persönlichkeiten erlebten Phasen der tiefen Niedergeschlagenheit. So wie Gott ihnen half, kann er auch Dir helfen. Dein Tief kann eine Chance zum Neuanfang sein. Aus der Schwierigkeit kann eine echte Möglichkeit werden.

Bitte studiere die folgenden Textstellen und beantworte jeweils die folgenden Fragen:

4. Mose 11,10-17 / Jona 4,1-11 / Psalm 42 / 1. Könige 19,1-21

Wer wurde deprimiert? _____

Was war der Hintergrund? _____

_____

Warum setzte die Schwermut ein? _____

_____

Wie intensiv war sie? _____

_____

Welches war der Ausweg aus der Depression? _____

_____

Was bedeutet dieses Beispiel für mich? _____

_____

Wie finde ich innere Ruhe?

Weil Mose Gott vertraute, wehrte er sich, als er erwachsen war, dagegen, daß die Leute ihn ›Sohn der Königstochter‹ nannten. Er zog es vor, mit dem Volk Gottes zu leiden, anstatt für kurze Zeit gut zu leben und dabei Schuld auf sich zu laden. Er war sicher, daß alle Schätze Ägyptens nicht so viel wert waren wie die Verachtung, die einer für Christus auf sich nimmt. Er dachte an die Belohnung, die auf ihn wartete.
Weil Mose Gott vertraute, zog er aus Ägypten und fürchtete sich nicht vor dem Zorn des Königs. Er hatte den unsichtbaren Gott vor Augen, als ob er ihn wirklich sehen würde; das gab ihm Mut (Hebräer 11,24-27).

Wir leben in einer verwirrten und verspannten Welt. Jemand hat unsere Zeit das Zeitalter der Zermürbung genannt. Jeder von uns ist mit Situationen konfrontiert, die beunruhigen und belasten. In unserem Leben geschehen Dinge, die uns aus dem Gleichgewicht bringen. Wir verlieren die innere Ruhe. Angst und Streß verursachen hohen Blutdruck und Herzattacken. In den USA werden jedes Jahr für mehr als 500 Millionen Dollar Beruhigungsmittel verschrieben.

Viele Spannungszustände sind die Folge von ungelösten Konflikten. Schwierigkeiten mit dem Partner, Probleme mit den Kindern, Streit mit dem Chef, Ungewißheit wegen einer wichtigen Entscheidung — all das schafft Ärger und Frustrierung. Wir machen uns über eine Unzahl von Dingen Sorgen. Steward Brisco sagt:

Angst trägt viele Gesichter und sie sind alle häßlich:
— Angst vor Versagen
— Angst vor Ablehnung
— Angst vor Enttäuschung
— Angst vor Kritik
— Angst vor Krankheit und Tod.

Angst blockiert und bindet. Aber das Neue Testament sagt uns, daß Jesus gekommen ist, um die zu befreien, »die durch ihre Angst vor dem Tod das ganze Leben lang Sklaven gewesen sind« (Hebräer 2,15).

Unsere Sorgen sind gewöhnlich von zwei Komponenten begleitet:

1) Eine negativ fixierte Voraussage: »Es wird sowieso nicht klappen«, »es wird viel schlimmer sein als ich denke«, »aus dem Loch komme ich nie wieder heraus«.

2) Eine übertriebene Vorstellung: »Ich kann das nicht ertragen«, »ich schaffe das niemals«, »ich bin völlig überfordert«, »ich sehe keinen Ausweg«.

90 % der Dinge, über die wir uns sorgen, treffen nie ein, sind also verpuffte Energie. Kennst Du das auch? Du hast Dich innerlich auf etwas vorbereitet, gesorgt, geschwitzt und gezappelt, und dann kam es ganz anders. Die eigene Vorstellung war komplett übertrieben.

1. Wie Angst sich auswirkt

1) Sie ruiniert die Gegenwart: Matthäus 6,25
2) Sie reduziert Deinen Selbstwert: Matthäus 6,26
3) Sie regiert Dein Handeln: Matthäus 6,27
4) Sie resigniert durch Zweifel: Matthäus 6,28-30

2. Was mir Ruhe verschafft

Wie bleibe ich cool in der Krise? Wie bleibe ich stark im Streß? Wie bleibe ich dynamisch auch unter Druck?

Mose war wie Elia ein gewöhnlicher Mensch, der ein außergewöhnliches Leben führte. Durch ihn hat Gott die Zehn Gebote gegeben. Er hat die Israeliten aus Ägypten ins verheißene Land geführt. Ihm offenbarte sich Gott mit Namen.

Wieso hat Gott diesen Mose erwählt? Weil Mose Gott gewählt hatte. Hier ist ein Mann, der steile Karriere gemacht hat, vom Findelkind zum Pharaonenprinz. Hier ist ein Mann, dem die Macht und der sagenhafte Reichtum von ganz Ägypten zu Füßen lag. Und was tut er? Statt des Glanzes von Ägypten wählt er den Gott von Israel, statt für den Triumph der Macht entscheidet er sich für die Tragödie der Ohnmacht. Die Juden lebten ja damals im Sklaventum.

Mose hatte in seinem Leben eine Reihe von wichtigen Entschlüssen gefaßt. Er hat die vier Grundfragen des Lebens geklärt, die jeder von uns klären muß. Gott hat den Hitzkopf Mose 40 Jahre lang kaltgestellt. Er hat ihn in die Wüste geschickt zum Nachdenken. Hier sind die vier Grundfragen:

1) Die Frage der Identität: Wer bin ich?
2) Die Frage der Verantwortung: Wem gehöre ich?
3) Die Frage der Priorität: Was ist mir wichtig?
4) Die Frage des Stehvermögens: Woran halte ich fest?

Mose hat innere Ruhe gefunden trotz größter Verantwortung. Er blieb ausgeglichen trotz enormen Drucks. Kannst Du Dir vorstellen, was für eine Aufgabe es war, zwei Millionen meckernde und unzufriedene Menschen

40 Jahre lang zu führen? Es war nur möglich, weil Mose ein Mann von Prinzipien war. Er hatte seine Entscheidungen auf diese vier Grundfragen abgestützt.

Ob Du Schüler bist oder Pensionär — jeder von uns muß sich diesen vier Fragen irgendwann stellen. Wer mit ihnen klarkommt, bleibt stark auch unter Streß.

1) Erkenne Deine Identität vor Gott: Wer bin ich?

> Weil Mose Gott vertraute, wehrte er sich, als er erwachsen war, dagegen, daß die Leute ihn ›Sohn der Tochter des Pharao‹ nannten (Hebräer 11,24).

Die erste Frage, die Mose klärte, war die Frage der Identität: Wer bin ich? Wir müssen den Konflikt verstehen, in dem er sich befand. Mose war ein Jude, aber die Tochter des Pharao erzog ihn als Ägypter. Jeder in seiner Umgebung dachte, er sei ein waschechter Ägypter.

40jährig erlebte nun Mose eine Identitätskrise. Materiell hatte er alles, was er sich nur wünschen konnte, aber innerlich nagte die Frage an ihm: *Wer bin ich?* Bin ich Israelit oder bin ich Ägypter? Als Israelit würde er leben wie diese erbärmlichen Sklaven um ihn herum. Als Ägypter genoß er die Ehre, den Luxus und die Macht des Pharaonenhofes.

Wie hättest Du entschieden?

Mose traf die rechte Wahl, aber es kostete ihn einen hohen Preis. Die nächsten 80 Jahre seines Lebens verbrachte er in der Wüste. Er lehnte es ab, eine Lüge zu leben. Er stand zu seiner Identität.

Jeder von uns muß die Frage seiner eigenen Identität klären. Wir haben alle ein tiefes Bedürfnis, akzeptiert zu werden, so wie wir sind. Wer versucht, etwas zu sein, was er in Wirklichkeit gar nicht ist, der lebt gestreßt. Er findete keinen inneren Frieden. Mose hat seine wahre Identität akzeptiert und fand Ruhe.

Uns geht es genauso. Es ist eine befreiende Sache, sich selbst zu sein!

Führe kein Doppelleben. Versuche nicht, jemand zu sein, der Du nicht bist, das verkrampft nur. Du bist für Gott von Bedeutung, so wie Du bist. Du bist Du, und kein anderer ist wie Du! Gott hat uns angenommen so wie wir sind — nicht so wie wir sein sollten, sondern so wie wir wahrhaftig sind. In Jesus Christus wird uns eine neue Identität geschenkt; er will, daß wir uns selbst annehmen können als Menschen, denen vergeben wurde.

2) Akzeptiere Verantwortung für Dein Leben: Wem gehöre ich?

> Er zog es vor, mit dem Volk Gottes zu leiden, anstatt für kurze Zeit gut zu leben und dabei Schuld auf sich zu laden (Hebräer 11,25).

Die nächste Entscheidung, mit der Mose sich befaßte, war die Frage der Verantwortung. Zuerst lehnte er es ab, eine Lüge zu leben; dann entschloß er sich, Gottes Weg zu gehen. »Er zog es vor« ist im Grundtext ein einziges Wort: *aireo*, d. h. »er wählte«. Mose traf eine Wahl: es war seine persönliche Entscheidung, auf der Seite des Volkes Gottes zu stehen und zu leiden.

Was Du mit Deinem Leben machst, ist *Deine Wahl!* Gott gibt Dir die Freiheit, zu wählen, und Deine Wahl bestimmt Deine Zukunft. Du bist mitbeteiligt bei Deiner Partnerwahl, Deiner Berufswahl und bei der Wahl Deiner Freunde. Du bestimmst auch mit, was Gott mit Deinem Leben machen kann.

Also höre auf, Dich zu entschuldigen! Du hast eine Wahl — Du bist in gewissem Sinne so glücklich wie Du willst!

Bitte beachte: In Hebräer 11,24 steht, daß Mose Gott vertraute, *als er erwachsen war.* Es ist ein Zeichen der Reife, wenn wir die Verantwortung für unser eigenes Leben übernehmen. Als Mose noch ein Kind war, bestimmten seine Eltern für ihn; als er erwachsen wurde, lebte er nicht mehr vom Glauben seiner Eltern. Er wurde selbst verantwortlich. Das ist ein Reifezeichen.

Wir leben in einer Welt, in der niemand Verantwortung übernehmen will. Unser Lieblingsspiel ist Schuldzuweisen. Es ist so einfach, andere anzuklagen für unseren eigenen Zustand: »Ich hätte mehr Disziplin, wenn meine Eltern mich besser erzogen hätten.« — »Ich würde die Bibel mehr lesen, wenn ich keine Kinder hätte.« — »Ich würde Gottes Weg gehen, wenn ich mehr Vorbilder in der Gemeinde hätte.« — »Ich wäre freundlicher, wenn mein Chef mehr Verständnis hätte.« Und und und …

Es gibt viele Dinge im Leben, über die wir keine Kontrolle haben. Du hast Dir Deine Eltern nicht ausgesucht. Niemand hat Dich gefragt, wo Du geboren sein wolltest, und über Deine Gene konntest Du auch nicht bestimmen. Die Umstände Deines Lebens kannst Du nicht immer kontrollieren.

Über eines jedoch hast Du absolute Kontrolle: *Wie Du auf diese Umstände reagierst.* Das ist Deine eigene Wahl. Du kannst negativ oder positiv, destruktiv oder konstruktiv reagieren. Ob aus den Schwierigkeiten Deines Lebens Möglichkeiten werden, das bestimmst Du allein.

Mose hat, als er erwachsen war, die richtige Entscheidung gefällt. Er stand zu seiner Identität, und er übernahm Verantwortung. Hätte sich Mose für den Pharaonenhof entschieden, so würde sich heute vermutlich niemand an ihn erinnern. Er wäre eine Mumie in einem Museum, verstaubt und vergessen. Weil er Verantwortung für sein Leben übernommen hat, ist Mose zum Vorbild für all diejenigen geworden, die inneren Frieden finden möchten.

3) Entscheide Deine Prioritäten: Was ist mir wichtig?

> Er war sicher, daß alle Schätze Ägyptens nicht so viel wert waren wie die Verachtung, die einer für Christus auf sich nimmt. Er dachte an die Belohnung, die auf ihn wartete (Hebräer 11,26).

Mose war mit einer dritten Frage konfrontiert: Wofür lebe ich? Was ist mein Wertesystem?

Das ist eine gute Frage: Wofür lebst Du? Wenn ich Dich fragen würde, was die zwei oder drei wichtigsten Dinge sind, auf die Du Dein Leben baust, könntest Du sie nennen? Was sind Deine Prioritäten? Was ist Dir wichtig und was nicht?

Mose hat diese Frage durchgedacht; »er war sicher«. Seine Prioritäten waren festgelegt. Er ließ sich nicht kaufen mit dem, was kein Bestand hat.

Wer sein Wertsystem nicht selbst bestimmt, für den wird es von der Welt bestimmt. Was ist das Wertsystem der Welt?

a) Vorrang: Position und Prestige. Ich will Ansehen und Macht. Dominieren und kontrollieren. So wichtig ist manchen Menschen dieser Vorrang, daß sie Gesundheit und Familie dafür hingeben. Sie vergessen: Macht kommt und Macht geht!

b) Vermögen: Geld und Besitz. Ich will mir etwas leisten können. Ich will mehr, ich will Neueres, und ich will Besseres. Extravaganz und Luxus. Wir vergessen: Wir kommen ohne und wir gehen ohne!

c) Vergnügen: Spaß und Amüsierung. Beides, Vermögen und Vergnügen, sind nicht an sich falsch. Aber sie werden falsch, wenn sie den ganzen Lebensinhalt ausmachen.

Ironisch ist, daß Mose dieses Wertsystem zu Füßen lag. Er hatte alle drei: Vorrang, Vermögen und Vergnügen, Prestige, Besitz und Belustigung. Am Hof von Ägypten fehlte nichts, aber auch gar nichts. Und stell Dir vor, er läuft weg ... Er läuft weg von genau den drei Dingen, für die andere Menschen ihr Leben drangeben, um sie zu bekommen!

Warum? Weil er wußte, daß diese Dinge keinen Bestand haben. Er sagte Ja zu Gott und Nein zu einem System, das ihn aufgefressen hätte. Als Resultat fand er inneren Frieden.

4) Beziehe eine feste Position
Woran halte ich fest?

Weil Mose Gott vertraute, zog er aus Ägypten und fürchtete sich nicht vor dem Zorn des Königs. Er hatte den unsichtbaren Gott vor Augen, als ob er ihn wirklich sehen würde; das gab ihm Mut (Hebräer 11,27).

Die letzte Grundsatzfrage, die Mose klärte, war die des Standvermögens. Er wußte, daß sein Entschluß zu

Schwierigkeiten führen würde, aber »er fürchtete sich nicht vor dem Zorn des Königs«. Ohne Wagnis kein Wachstum!

Er hatte mit Problemen gerechnet, und als sie kamen, warf ihn das nicht aus den Socken. Er jammerte nicht, er sei überfordert. Er badete sich nicht im Selbstmitleid.

Mose hatte Stehvermögen, weil er vor Gott stand! »Er hatte den unsichtbaren Gott vor Augen.«

Was hast *Du* vor Augen? Sind es Deine Probleme und Schwierigkeiten? Eine Erinnerung, die Dich plagt? Eine Enttäuschung, die Du erlebt hast? Eine Demütigung, die Du nicht verdient hast?

Jemand hat gesagt, Christen dürften sich durch Probleme nicht niederkriegen lassen, es sei denn nieder auf die Knie. Der Schlüssel zur inneren Ruhe ist eine standhafte Fixierung unserer Augen auf den, der auch Mose nicht im Stich gelassen hat.

> Wir wollen durchhalten in dem Lauf, zu dem wir angetreten sind. Dabei wollen wir Jesus nicht aus den Augen lassen. Er ist uns auf dem Weg des Vertrauens vorausgegangen und bringt uns auch ans Ziel (Hebräer 12,1-2).

Zur Vertiefung:

Schwierigkeiten machen mich entweder bitter oder besser. Die Wahl liegt bei mir. Ich kann nicht alle Umstände meines Lebens kontrollieren. Aber eines kann ich: entscheiden, wie ich auf diese Umstände reagiere. Innerer Friede ist die Folge von *gefundener Identität, akzeptierter Verantwortung, entschiedenen Prioritäten und stabilem Stehvermögen.*

Projekt: Bitte Deinen Partner oder jemanden, der Dich gut kennt, Dein Gemütsbarometer zu charakterisieren. Welche der folgenden Beschreibungen treffen bei Dir am ehesten zu?

	Mittel-Bereich	
Mutig	— — — — — — —	Mutlos
Belastbar	— — — — — — —	Empfindlich
Sorglos	— — — — — — —	Ängstlich
Ausgeglichen	— — — — — — —	Gereizt
Ruhig	— — — — — — —	Verspannt
Optimistisch	— — — — — — —	Pessimistisch
Gelassen	— — — — — — —	Ungeduldig
Friedlich	— — — — — — —	Nervös
Selbstbewußt	— — — — — — —	Verunsichert

Überdenke nun die anderen drei Grundsatzfragen:

Verantwortung: Wem gehöre ich?

Vergebung führt zu Verantwortung. Wer sich vor seiner Verantwortung drückt, findet keine innere Ruhe. Er ist unzufrieden mit sich selbst und den Menschen um sich herum. Wer die Verantwortungsfrage geklärt hat, der weiß, daß er eine Wahl hat. Er kann frei entscheiden: Ich bestimme, wieviel Zeit ich mit Gott verbringe; ich bestimme, wie weit ich mich mit der Bibel befasse; ich bestimme die Qualität meines geistlichen Lebens. Die Wahl liegt bei mir.

Mose konnte wählen zwischen dem Hof des Pharao und den Hütten der Israeliten. Deine und meine Wahl ist oft weniger drastisch! Überlege trotzdem: Welche Möglichkeiten bieten sich mir in der kommenden Woche, um Gott meine Loyalität zu zeigen? Nenne zwei machbare Situationen:

1) _____

2) _____
Lies Epheser 5,15-17.

Priorität: Was ist mir wichtig?

Was hat den ersten Platz in Deinem Leben? Hier geht es nicht um fromme Sprüche, sondern um eine realistische Beurteilung. Zur Diagnose stelle Dir die folgenden Fragen:
* Worüber rede ich am häufigsten?

1) _____ 2) _____ 3) _____
* Was lese ich am liebsten?

1) _____ 2) _____ 3) _____
* Was beschäftigt meine Gedanken am meisten?

1) _____ 2) _____ 3) _____

Entscheide Deine Prioritäten — das heißt, lege fest, was Dir in Deinem Leben am wichtigsten ist. Nimm Dir für diese Frage etwas Zeit: Welches sind die drei wichtigsten Dinge, auf die Du Dein Leben baust? Oder anders gefragt, welche drei Dinge möchtest Du am Ende Deines Lebens erreicht haben?

1) _____

2) _____

3) _____
Überdenke Matthäus 6,33; 2. Timotheus 4,6-8.

Stabilität: Woran halte ich fest?

Mose rechnete mit Schwierigkeiten — die Aggressionen des Pharao konnten ihn nicht von seinem Weg abbringen. Wie standfest bist Du? Wie solide ist Deine Hingabe? Bitte Gott darum, daß er Dir ganz konkret zeigen möchte, wo Du zu weich bist mit Dir selbst und Standvermögen lernen mußt auch unter ungünstigen Umständen. Nenne einen Lebensbereich, in dem Du die Tendenz hast, Dich zu entschuldigen und nachlässig zu sein:

_____

Überdenke Philipper 4,6-9 u. 13.

Wie gehe ich mit Zorn um?

Versündigt euch nicht, wenn ihr in Zorn geratet, und versöhnt euch wieder miteinander, bevor die Sonne untergeht. Sonst bekommt der Teufel Macht über euch. Wer vom Diebstahl gelebt hat, muß jetzt damit aufhören. Er soll seinen Lebensunterhalt durch eigene Arbeit verdienen und zusehen, daß er auch noch etwas für die Armen übrig hat. Laßt kein giftiges Wort über eure Lippen kommen. Seht lieber zu, daß ihr für die anderen in jeder Lage das rechte Wort habt, das ihnen weiterhilft. Beleidigt nicht durch euer Verhalten den heiligen Geist, den Gott euch gegeben hat. Denn er bürgt euch dafür, daß Gott zu seiner Zeit eure Rettung vollenden wird. Weg also mit aller Verbitterung, mit Aufbrausen, Zorn und jeder Art von Beleidigung! Schreit einander nicht an. Legt jede feindselige Gesinnung ab. Seid freundlich und hilfsbereit zueinander und vergebt euren Mitmenschen, so wie Gott euch durch Christus vergeben hat (Epheser 4,26-32).

Ich bin ein aufbrausender Mensch, wenn ich sein darf, wie ich bin, etwa zu Hause. Unter den Leuten nehme ich mich zusammen. Ich glaube, man kommt so reibungsärmer durchs Leben. Das ist vielleicht nicht ehrlich, aber günstiger.
Am meisten bringt mich in Rage, wenn meine Nächsten Abmachungen und Spielregeln brechen und dies vor mir zu verbergen oder zu rechtfertigen suchen. Wenn ich nur schon daran denke, kommt mir die Galle hoch. Meine Wut äußert sich dann in wilden, zwanghaften Gedanken, in ungerecht harten, lauten Worten und im Gefühl, ständig der Beschissene zu sein und

nichts dagegen tun zu können. Zum Glück betrifft meine Wut nicht die Muskeln, sonst gäbe es laufend Scherben und blaue Augen. Wenn ich allein und ungestört bin, bete ich meinen Zorn Gott laut vor. Sonst zahle ich meinen Gegnern mit Worten heim, was ich kann, und verziehe mich dann in meinen Winkel und lecke meine Wunden. Läßt man mich, so bin ich bald wieder genießbar. Wenn sich die Wut ansammelt, koche ich sie in der Sauna einige Male scharf auf und schrecke sie kalt ab. Das tut auch der Seele gut.
(Ruedi, Heinzer, theol. Leiter der Evangelischen Gesellschaft Bern, Kollektenblatt Nr. 517 [1990], S. 6-7)

Einmal um den Block laufen, meditieren, tief durchatmen, sich zusammenreißen: An guten Ratschlägen, wie man kurzfristig mit seiner Wut umgehen kann, gibt es keinen Mangel. Thomas Jefferson hat geschrieben: »Wenn du zornig bist, zähle bis zehn, bevor du redest. Wenn du sehr zornig bist, zähle bis 100!« Mark Twain hat etwa 75 Jahre später diese Aussage leicht revidiert. Er sagte: »Wenn du zornig bist, zähle bis fünfzehn, wenn du wirklich zornig bist, fange an zu fluchen!«

Vielleicht hast Du beides probiert und keinen Erfolg gehabt.

Jemand stellte fest: Der durchschnittliche Mann wird sechsmal pro Woche wütend. Die durchschnittliche Frau hat dreimal pro Woche einen Koller. Frauen ärgern sich häufiger über Leute, Männer flippen öfter aus, weil etwas schiefgeht. Singles drücken ihren Groll doppelt so oft aus wie verheiratete Erwachsene.

Zu Hause lassen wir uns am ehesten gehen – da, wo uns niemand sonst beobachten kann. Erstaunlicherweise verletzen wir die am tiefsten, die uns am nächsten stehen.

Tatsache ist, jeder von uns wird zornig — nur tun wir es auf unterschiedliche Art. Zorn ist eine normale, menschliche Reaktion.

Selbst Jesus wurde in bestimmten Situationen wütend. Es ist interessant, daß sich sein Zorn vor allem gegen die Frommen und ihre Heucheleien gerichtet hat.

Im Alten Testament wird 375mal berichtet, daß Gott zornig wurde.

Die Bibel sagt aber auch: »Laßt euch durch den Zorn nicht zur Sünde hinreißen!« (Epheser 4,26, Einheitsübersetzung). Es gibt einen richtigen und einen falschen Weg, in Wut zu geraten. Es gibt eine heilsame und eine unheilsame Art, mit Zorn umzugehen.

Die Frage ist nicht: Wie kann ich meine Aggressionen vermeiden? Die Frage ist vielmehr: Wie gehe ich mit ihnen um? Wie kann ich lernen, meinen Groll auf eine nicht-destruktive Art auszudrücken? Harriet Lerner hat ein Buch geschrieben mit dem Titel: »Wohin mit meiner Wut?« Ihre These kann ich nur bejahen. Sie sagt: »Unsere Wut kann ein machtvolles Instrument der Persönlichkeitsentwicklung und der Veränderung sein, wenn wir es wagen, uns den Problemen zu stellen, die dahinter stehen.«

Die Alternative ist das berühmte Dampftopfsyndrom:

Was lange gärt, wird endlich Wut

Wie wirken sich unsere Aggressionen aus? Das Beispiel Esaus ist instruktiv. Esau hatte leichtfertig eine Entscheidung getroffen mit Langzeitfolgen. Er verspielte sein Erstgeburtsrecht und wurde von seinem Bruder Jakob um den Segen seines Vaters betrogen. Sein Zorn und seine Reaktion sind verständlich, aber sie waren trotzdem schädlich:

1) Verbitterung:

Esau konnte es Jakob nicht vergessen, daß er ihn um den väterlichen Segen gebracht hatte (1. Mose 27,41).

Er wollte nicht vergessen. Der Groll gärte in ihm und bewirkte eine tiefsitzende Verbitterung.

2) Vergeltung:

Als Rebekka davon erfuhr, ließ sie Jakob rufen und sagte zu ihm: Dein Bruder Esau will sich an dir rächen und dich umbringen (1. Mose 27,42).

Esau wollte nicht vergeben. Auch wenn seine Rachepläne verständlich sind, das Problem wurde dadurch nicht gelöst. Es verkomplizierte sich nur noch mehr.

3) Trennung:

Darum tu, was ich dir sage. Flieh nach Haran … (1. Mose 27,43).

Esau wollte nicht vergessen, er wollte nicht vergeben und er wollte nicht vertrauen. Sein Bruder geht in die Verbannung, die Familie wird getrennt. Jakob sieht seine Mutter nie wieder. Es dauert zwanzig Jahre, bis sich die beiden Brüder wieder begegnen, und selbst dann nur mit großem Mißtrauen.

Auch *unsere* Aggressionen können langfristige Folgen haben: Verbitterung, Vergeltung und Trennung. Der Weise wartet, bevor er reagiert! Groll mag noch so berechtigt sein, der Kluge denkt, bevor er handelt.

Welches sind die typischen Formen der Wutäußerung?

2. Vier negative Reaktionsmuster

Unsere Verhaltensweise ist ein Stück weit die Erbschaft der eigenen Erziehung. Unsere Methoden, Zorn auszudrücken, sind weitgehend angelerntes Verhalten. Das zu wissen ist wichtig, denn was man gelernt hat, kann man auch wieder verlernen. In der Praxis zeigt sich, daß alle vier Varianten des Zorns mehr Probleme schaffen als sie lösen:

1) Der gewalttätige Zorn

Das ist der Schläger. Der unberechenbare Typ. Die wandelnde Zeitbombe. Er verschafft sich Luft durch gewalttätiges Verhalten. Viele Frauen, die mit solchen Männern verheiratet sind, leiden und leugnen das Problem. Sie suchen irrtümlich die Schuld bei sich selbst und nehmen die Demütigung ohne Konsequenzen hin.

Das ist tragisch. Ein Mann, der schlägt, braucht Therapie und klare Alternativen. Unkontrollierter Zorn ist heilloser Zorn, er richtet unweigerlich oft irreparablen Schaden an.

Kain hat Abel vorsätzlich umgebracht. Sein Zustand vor der Tat wird so beschrieben: »Kain stieg das Blut in den Kopf, und er starrte verbittert vor sich hin« (1. Mose 4,5). Eifersucht hat bei ihm zur ungezügelten Wut und zur Gewalttat geführt.

2) Der stille Zorn

Der Volksmund sagt zu recht: »Stiller Zorn ist schlimmer Zorn.« Heimlich gehegter und gepflegter Groll, der sich nicht Luft verschaffen kann und sich deshalb tiefer und tiefer eingräbt, erzeugt Verbitterung. Dr. Paul Meier stellt fest: »Verdrängter Zorn ist Ursache von fast jeder Depression« — das jedenfalls ist seine eigene Praxiserfahrung.

Der Schweiger verschluckt seinen Groll, und das schadet seiner Gesundheit. Jona geriet in Zorn, weil Gott mit Ninive Geduld hatte. Er redete mit niemandem über seinen Ärger und wurde dadurch so depressiv, daß er Selbstmordgedanken hegte (Jona 4,1-2).

3) Der selbstmitleidige Zorn

Der Bruder des verlorenen Sohnes geriet in Empörung, als der Vater eine große Heimkehr-Party für das Schwarze Schaf gab. Der ältere Bruder konnte das nicht ertragen. Er bemitleidete sich selbst so sehr, daß er nicht einmal zur Begrüßung ins Haus ging (Lukas 15,28).

Zorn, der seine Wurzel im Selbstmitleid hat, macht uns zu miserablen Märtyrern, und das blockiert den Umgang mit anderen. Wer will schon unser konstantes Gejammer mit anhören!

4) Der manipulierende Zorn

Das ist die religiöse Variante. Die Frommen nehmen oft Zuflucht zum manipulativen Zorn. Der Mut zur ehrlichen Konfrontation fehlt. So ist man nett und klebrig- freundlich ins Gesicht und sticht dann mit dem Messer in den Rücken. Leute, die zur offenen Aussprache zu feige sind, aber ohne Hemmungen andere verleumden, finden wir auch in der Bibel. Die Pharisäer respektierten Jesus in seiner Gegenwart, aber heimlich »berieten sie miteinander, wie sie gegen ihn vorgehen könnten« (Lukas 6,11).

3. Wie man konstruktiv Dampf abläßt

Wie kann ich vermeiden, daß aus Druck Überdruck wird? Zorn muß ein Sicherheitsventil haben.

1) Verstehe, wieso Du ausrastest

Wer Einsicht hat, regt sich nicht auf ... (Sprüche 19,11).

Einsicht verlangt, daß ich überlege, bevor ich reagiere. Was ist der Grund dafür, daß ich mich jetzt derart aufrege? Warum erbost mich diese Situation so maßlos? Zorn ist wie ein rotes Warnlicht: das Warnlicht ist nicht das Problem, aber es weist darauf hin, daß irgendwo ein Problem existiert.

Die Ursachen können vielschichtig sein. Schauen wir uns drei der häufigsten an:

Ich bin verletzt:

Die Verletzung kann körperlich oder seelisch sein. Seelische Verletzungen verkraften die meisten von uns schlecht. Eine fiese Verleumdung, eine massive Beleidigung, ein gemeiner Vertrauensbruch, solche Dinge machen uns lange zu schaffen. Eine Studie hat gezeigt, daß zehn Jahre nach einer Scheidung einer von drei Betroffenen immer noch intensive Zorngefühle hegt.

Ich bin frustriert:

Irgendetwas läuft nicht so, wie ich es geplant habe. Kleinigkeiten können die Ursache zur Eruption sein: der langsame Fahrer vor mir, die doofe Warteschlange im Supermarkt, ein verpaßter Bus, der verlegte Schlüssel, die verschüttete Milch und und und ... Je gestreßter wir sind, desto schneller fühlen wir uns irritiert.

Ich bin verunsichert:

Alles, was mich innerlich unsicher macht, geht an die Substanz und kann Wutreaktionen auslösen. Ein Tier, das in die Enge getrieben wird, greift an. Wir reagieren ähnlich. Wenn Du mein Selbstwertgefühl verletzt und mich als Person angreifst, dann werde ich höchstwahrscheinlich nicht passiv dasitzen, und Du vermutlich auch nicht.

Die erste Reaktion auf Verletzung und Frustrierung ist durchaus natürlich. Die zweite Reaktion muß jedoch eine Frage sein: Wieso bringt mich diese Reaktion so auf die Palme, und wie kann ich meine Spontanreaktion verzögern bzw. vermeiden?

Der Weise überlegt und kommt so zur Einsicht über sich selbst.

2) Gründe Dein Selbstwertgefühl auf Gott, nicht auf andere Menschen

Ein wichtiger Schlüssel im Umgang mit Zorn ist ein gesund entwickeltes Selbstwertgefühl. Verunsicherte Leute regen sich schnell auf. Wer ein gesundes inneres Gleichgewicht hat, der kann mit Frust und Verletzung lockerer umgehen.

> Versuche nicht, alles mitzubekommen, was die Leute reden ... (Kohelet, 7,21).

Nimm es zur Kenntnis: Die Leute werden über Dich reden! Es ist nicht fair, es ist nicht richtig, es ist nicht christlich, aber sie tun es trotzdem!

Je mehr ich verunsichert bin, desto mehr bin ich abhängig von der Meinung, die andere über mich haben. Wenn ich ein negatives Selbstbild habe, und Du kommst und kritisierst mich, dann sehe ich sofort rot! Und warum? Weil mein ganzes Wertgefühl von Deiner Anerkennung abhängig ist.

Je negativer mein Selbstbild, desto weniger kann ich mit Kritik umgehen und desto destruktiver wird meine Reaktion sein.

Das Geheimnis zur Überwindung von Zorngefühlen liegt in der Entwicklung eines gesunden Selbstwertempfindens. Wenn ich lerne, zu verstehen, daß ich für Gott von großer Bedeutung bin, dann macht es mir weniger aus, was andere über mich sagen oder wie sie über mich denken.

> Wer Gott ernst nimmt, ist in Sicherheit ... (Sprüche 14,26).

Ein positives Selbstbild ist ein Schutzschild: Es bewahrt mich vor einer defensiven und aggressiven Lebenseinstellung. Wer sein Selbstwertgefühl von Gott bezieht und nicht von der Anerkennung seiner Freunde, der geht leichtherziger mit Groll um.

3) Denke, bevor Du reagierst

> Ich bin immer noch am lernen, dem Ärger dort Luft zu machen, wo der Ursprung ist, oder ihn dann auf Gottes Deponie endgültig abzuladen (Res Flückiger, Berner CVJM-Regionalsekretär).

Eingefahrene Verhaltensmuster machen uns am meisten Mühe, weil sie zur Gewohnheit geworden sind. Ist Dir das auch schon aufgefallen: Wenn Du aus irgendeinem Grund aus Deiner Haut fährst, dann arbeitet die Zunge schneller als die grauen Hirnzellen. Eine scharfe Zunge ist der schnellste Weg, um sich selbst den Hals abzuschneiden.

> Der Kluge tut alles mit Überlegung ... (Sprüche 13,16, Einheitsübersetzung).

Genau da liegt das Problem: Im Zorn überlege ich nicht. Wer redet, ohne zu denken, der mag sich selbst Luft verschaffen, aber Salomo nennt ihn einen Dummkopf, weil er Scherben hinterläßt.

Vielleicht protestierst Du jetzt: »Das klingt ja nett in der Theorie, aber in der Praxis sieht es anders aus. Ich bin der Impulsiv-Typ, ich habe einfach ein reizbares Temperament, ich kann meine Wutausbrüche nicht kontrollieren!«

Aber sicher kannst Du! Ist Dir auch schon aufgefallen, was passiert, wenn mitten in einem lauten Ehekrach das Telefon läutet? Du tobst wie ein wilder Stier, nimmst den Hörer in die Hand und säuselst mit der freundlichsten Stimme: »Ja, hier Müller.«

Du veränderst Dich *augenblicklich!* Wieso? — Weil Du Dich verändern *willst.* Wut ist eine Wahl! Ich werde zornig, weil ich zornig werden *will.*

Seien wir doch ehrlich: Es fühlt sich gut an, die eigene Wut frei auszulassen. Es fühlt sich gut an, aus der eigenen Haut herauszufahren. Es fühlt sich gut an, dem anderen eins aufs Dach zu geben. Es fühlt sich gut an, zu fluchen und zu stampfen. Ich werde wütend, weil ich wütend werden will.

Ich kann also meine Reaktion bestimmen. Und das heißt: Zorn ist kontrollierbar.

> Der Dummkopf gibt jedem Ärger freien Lauf;
> der Kluge kann sich beherrschen (Sprüche 29,11).

4) Lerne Dich zu entspannen

> Wir vergeuden ein Drittel unserer Energie mit Ärger. Damit reduziert man nur sich selbst. Machen sie Schluß damit. Sofort! Nutzen Sie die eingesparte Power für neue Taten! (Dr. Stephan Lermer).

Wir sind eine Nation von Krampfern. Sicher, wir haben es zu etwas gebracht, aber schau den Preis an, jeder zweite ist ver-krampft! Der Gehetzte und Gestreßte ist für Zornausbrüche viel anfälliger. Leute, wir müssen lernen, zu relaxen:

> Ein ausgeglichener Sinn erhält den Körper gesund
> (Sprüche 14,30).

Ein unrealistischer Terminkalender und die Tendenz zum Perfektionismus können krank machen. Manche von uns sind so eingespannt, daß jede Kleinigkeit sie ins Rotieren bringt.

Wie lernt man, sich zu entspannen? Kreativ zu faulenzen ist eine Kunst, die wir alle im Interesse der eigenen Gesundheit lernen müssen. Ich möchte Dir dazu das in Kapitel 1 erwähnte Buch empfehlen: »Wir brauchen Entspannung — Streß, Verspannungen, Schlafstörungen — und was man dagegen tun kann« (Prof. M. Dieterich, Brunnen-Verlag, siehe Seite 26).

Wer ein chronisches Problem mit Zorn hat, tut gut daran, ein paar praktische Entspannungstechniken zu lernen. Das Geistlichste, was manche von uns tun können, ist, ein persönliches Fitneß-Programm zu beginnen. Denke daran: »Ein ausgeglichener Sinn«, das heißt eine entspannte Einstellung »erhält den Körper gesund.«

5) Bitte Gott immer wieder um Hilfe

Umgang mit Wut ist nicht nur eine Do-it-yourself-Angelegenheit. Da braucht es Gottes Hilfe. Mein Temperament ist angeboren, aber es ist auch angelernt. Gelerntes kann umgelernt werden — mit Gottes Hilfe:

> Denn Gott gibt euch nicht nur den guten Willen, sondern er selbst arbeitet an euch, damit seine Gnade bei euch ihr Ziel erreicht (Philipper 2,13).

Fassen wir zusammen: Du bist Deinem Temperament nicht einfach ausgeliefert. Eine Reihe von Sicherheitsventilen können helfen, Dampf abzulassen. Bei der nächsten Gelegenheit explodiere nicht, schmolle nicht, schweige nicht! Frage Dich stattdessen: Wieso rege ich mich so auf? Was hat dieser Anlaß mit meinem Selbstwertgefühl zu tun? Wie kann ich angemessen reagieren? Was kann ich tun zur Entspannung und wo kann ich Gottes Hilfe beanspruchen?

Zur Vertiefung:

Zorn ist kontrollierbar. Ich kann mich entscheiden zwischen einer destruktiven und einer konstruktiven Reaktion. Ich bin nicht einfach eine Marionette, gesteuert ohne eigenen Willen. Denke daran: Wut ist eine Wahl!

Projekt: Welches ist Deine bevorzugte Methode, mit Menschen und Situationen, die Dich nerven, umzugehen:

	sehr selten 1	manch-mal 2	oft 3	meistens 4
1) Ich werde aggressiv: unberechenbar, aufbrausend, jähzornig, handgreiflich	…	…	…	…
2) Ich werde passiv: verstecken, verdrängen, schweigen, tarnen, isolieren	…	…	…	…

3) Ich werde defensiv:
Selbstmitleid,
Selbstanklage,
Märtyrer, Dulder,
Pessimist   ...   .

4) Ich werde manipulativ:
sarkastisch, berechnend
heuchlerisch,
verleumderisch   ...   .

Beurteilung (Gesamtpunktzahl):
  0-4   Prüf Deinen Puls; lebst du noch?
  5-8   Erfreulich; wiederhole den Test durch eine andere Person.
  9-12 Das heutige Projekt wird Dir gewiß helfen.
13-16 Ich gratuliere zu Deiner Ehrlichkeit; suche Hilfe!

Jeder von uns weiß, was es heißt, innerlich zu kochen. Wir alle erleben Zeiten, wo wir Gift und Galle speien möchten. Wichtig ist, daß wir lernen, mit solchen Situationen umzugehen. Laß uns die besprochenen Prinzipien nun ins persönliche Leben übersetzen. Nimm Dir etwas Zeit und überlege, wie Du die einzelnen Grundsätze konkret anwenden kannst, und notiere Deine Ideen zu den folgenden Bibelstellen:

1) Verstehe, wieso Du ausrastest: Lies Sprüche 19,2-3 u. 11.

_____

_____

2) Gründe Dein Selbstwertgefühl auf Gott, nicht auf andere Menschen: Lies Römer 8,31.

_____

3) Denke, bevor Du reagierst: Lies Jakobus 1,19-20.

_____

_____

4) Lerne Dich zu entspannen: Lies Sprüche 14,29-30.

_____

_____

5) Bitte Gott immer wieder um Hilfe: Lies Galater 5, 22-24.

_____

_____

Wie werde ich mit Einsamkeit fertig?

Komm so bald wie möglich zu mir! Demas hat mich verlassen und ist nach Thessalonich gegangen, weil ihm mehr an dieser Welt gelegen ist als an der kommenden; Kreszens ging nach Galatien und Titus nach Dalmatien. Nur Lukas ist noch bei mir. Bring Markus mit; er kann mir gute Dienste leisten. Tychikus habe ich nach Ephesus geschickt. Bring, wenn du kannst, meinen Mantel mit, den ich in Troas bei Karpus zurückgelassen habe. Bring auch die Schriftrollen mit, vor allem die aus Pergament.

Alexander, der Schmied, hat mir viel Böses angetan. Der Herr wird ihm nach seinen Taten das Urteil sprechen. Nimm dich vor ihm in acht; er hat sich unserer Botschaft besonders heftig widersetzt.

Als ich mich zu erstenmal vor Gericht verteidigen mußte, hat keiner zu mir gehalten. Alle haben mich im Stich gelassen. Gott möge es ihnen nicht anrechnen. Aber der Herr stand mir bei und gab mir die Kraft, für seine Botschaft einzutreten. So hat nun diese Botschaft ihren Lauf durch die Völker vollendet, und Menschen aus aller Welt haben sie gehört. Gott hat mich noch einmal aus dem Rachen des Löwen gerettet, und er wird mich auch künftig vor allen bösen Anschlägen retten und mich sicher in sein himmlisches Reich bringen. Gepriesen sei er für immer und ewig! Amen.

Grüße das Ehepaar Priska und Aquila und die Familie von Onesiphorus. Erastus blieb in Korinth. Trophimus habe ich in Milet gelassen, weil er krank war. Sieh zu, daß du noch vor dem Winter hier bist.

(2. Timotheus 4,9-21)

Kann jemand *wohlhabend* und einsam sein? Frage Howard Hughes. — Kann jemand *berühmt* und einsam sein? Frage Michael Jackson. — Kann jemand *schön* und einsam sein? Frage Greta Garbo.

Kann man verheiratet und einsam sein? Frage die Leute, die wegen Einsamkeit heiraten und sich ein paar Jahre später aus demselben Grund wieder scheiden lassen.

Dr. Paul Tournier, der berühmte Schweizer Nervenarzt, nannte Vereinsamung die verheerendste unserer Zeitkrankheiten. Psychologische Studien an Menschen, die einen Selbstmordversuch hinter sich hatten, zeigten, daß die meisten durch das Gefühl der Einsamkeit zu ihrem Verzweiflungsschritt getrieben wurden. Bei einer Umfrage unter Nervenkranken gaben 80 Prozent der Patienten an, der Hauptgrund dafür, daß sie Hilfe suchten, sei ihre Einsamkeit.

Viele Trinker bestätigten: Anfangs haben sie zum Alkohol gegriffen, um ihre Einsamkeit zu vergessen, und schließlich ist die Flucht in den Alkohol zur Gewohnheit geworden.

Es kann sein, daß *Du* im Moment überhaupt kein Defizit in punkto Partnerschaft und Kontakt mit anderen spürst. Bedenke aber, daß jeder Mensch früher oder später Phasen des Alleinseins durchmacht. Jeder muß lernen, mit seiner Einsamkeit konstruktiv umzugehen. Wenn das Thema für Dich heute (noch) nicht aktuell ist, befasse Dich trotzdem damit, um für morgen gerüstet zu sein.

Allein sein kann man auf mehrere Arten:

1. Die gesellschaftlichen Zusammenhänge

Wenn heute von alleinlebenden erwachsenen Menschen die Rede ist, dann wird oft der Begriff »Single« verwendet — jemand, der einen eigenen Haushalt führt und unabhängig ist. Das Single-Dasein ist eine Lebensform, die in unserer Kultur weit verbreitet ist:

> Auf jeden Single, der in seinem Ein-Personen-Haushalt lebt, kommt mindestens noch ein weiterer, dem man das nicht sofort ansieht. Es ist sogar anzunehmen, daß Single-Sein inzwischen die am weitesten verbreitete Lebensform im psychologischen Sinne ist — nur wissen es oft nicht einmal die Betroffenen selbst (Jürgen vom Scheidt).

Bereits 1977 gab es in der Bundesrepublik Deutschland sieben Millionen »Ein-Personen-Haushalte« bei mehr als 24 Millionen Privathaushalten. Das waren schon doppelt so viele wie 1950. Und der Trend geht weiter nach oben, mit 9,5 Millionen Ein-Personen-Haushalten 1989. Nach einer Untersuchung, die der Hamburger Freizeitforscher Prof. Opaschowski vorlegte, waren drei Viertel dieser Alleinstehenden mehr oder minder unglücklich über ihren Zustand.

Alleinsein hat viele Ausdrucksformen. Man kann ganz bewußt allein leben — oder unfreiwillig. Es lassen sich mindestens vier verschiedene Single-Formen oder Arten des Alleinseins unterscheiden.

1) Der echte Single:

Das ist jemand, der ganz bewußt allein im eigenen Haushalt lebt. Zu dieser Kategorie zählt auch ein großer Teil der Alleinerziehenden.

2) Der vorübergehende Single

Der Betreffende lebt nur für eine Weile allein, empfindet den Zustand als unangenehm und gedenkt baldmöglichst mit einem Partner zusammenzuziehen.

3) Der verborgene Single

Das ist jemand, der nach außen hin den Gruppenmenschen in einer Familie darstellt — aber im Grunde seines Herzens ein Einzelgänger ist und das durch viele Verhaltensweisen auch zeigt. Es ist jemand mit einer ausgeprägten inneren Einsamkeit.

4) Der verbitterte Single

Er/sie hat es längst aufgegeben, noch einen Partner zu finden. Der verbitterte Single hat sich mit seinem Schicksal, das er als traurig empfindet, abgefunden. Er hat resigniert.

Natürlich gibt es fließende Übergänge zwischen diesen Typen. Und nicht nur das, viele Singles leben in einem Zwiespalt; sie suchen Kontakt zu anderen Menschen und scheuen gleichzeitig die Nähe. Ein Mensch muß nicht allein sein, um sich einsam zu fühlen. Es ist nicht die Anzahl von Leuten, die mich umgeben, sondern es ist die Beziehung zu diesen Leuten, welche meine Einsamkeit bestimmt.

2. Die grundlegenden Ursachen

Manchmal sind wir selbst die Ursache unserer Isolierung. Aber es gibt auch Situationen, über die wir keine Kontrolle haben. Der Apostel Paulus fand sich in einer solchen Lage, als er seinen zweiten Brief an Timotheus schrieb. Er stand auf der schwarzen Liste des römischen Kaisers, war gefangen und wartete auf den Besuch seines guten Freundes Timotheus. Seine Situation zeigt mindestens vier Ursachen der Einsamkeit:

1) Veränderung

Das Leben ist voll von Veränderungen. Wachsen heißt sich verändern. Altwerden bedeutet Veränderung. Von der Geburt bis zum Tod macht jeder von uns Phasen der Veränderung durch. Paulus beschreibt seine Situation im 2. Timotheus 4,6 so:

> Für mich ist nun die Zeit gekommen, daß ich geopfert werde; mein Abschied ist nahe. Ich habe in dem Wettkampf, der hinter mir liegt, mein Bestes gegeben. Ich habe die volle Strecke durchlaufen. Ich bin bis zum Ende treu geblieben.

Eine Ursache von Einsamkeit sind ganz einfach die Übergänge von einer Lebensphase in die nächste.

2) Trennung

Trennung und Isolierung sind eine zweite Ursache. Jeder Abschied tut weh. Weg von zu Hause, weg von den Freunden, weg von der Familie, weg vom Gewohnten — damit ist oft ein Gefühl der Verlassenheit verbunden.

Paulus schreibt an Timotheus: »Komm so bald wie möglich zu mir!« (2. Timotheus 4,9). Anschließend zählt er einige seiner besten Freunde auf, aber keiner von ihnen ist bei ihm, mit Ausnahme von Lukas. In der Fremde, gefangen, ohne Freunde — Paulus ist einsam.

»Sieh zu, daß du noch vor dem Winter hier bist!« (2. Timotheus 4,21). — Der Apostel ahnt, daß er nicht mehr lange zu leben hat: Er möchte Timotheus vor seinem Abschied noch einmal sehen.

3) Verleumdung

Eine weitere schmerzhafte Ursache von Einsamkeit ist Widerstand. Paulus schreibt: »Alexander, der Schmied, hat mir viel Böses angetan« (2. Timotheus 4,14). Aus dem biblischen Text geht nicht hervor, worin das Böse konkret bestand. Vermutlich hat er den Apostel persönlich angegriffen, ihn verleumdet und denunziert. Es ist ein einsames Gefühl, auf diese Art gedemütigt zu werden. Hüte Dich vor übler Nachrede!

4) Ablehnung

Einsamkeit durch Ablehnung ist vielleicht die schmerzhafteste Form von allen. Du kommst Dir verraten vor, im Stich gelassen und ausgeliefert. Wenn sich zur Zeit der

Not die Leute von Dir abwenden, die Dir am nächsten stehen, dann ist das eine schlimme Erfahrung. Der Apostel hat es selber erlebt:

> Als ich mich zum erstenmal vor Gericht verteidigen mußte, hat keiner zu mir gehalten. Alle haben mich im Stich gelassen (2. Timotheus 4,16).

Ablehnung ist einer der härtesten Brocken, die es zu verdauen gibt. Deshalb ist eine Scheidung so gravierend. Sie ist ein Treuebruch, eine Desertierung. Jeder Mensch hat das Bedürfnis nach Anerkennung. Wird dieses Bedürfnis verletzt, dann hat das schwerwiegende Folgen.

Veränderung, Trennung, Verleumdung und Ablehnung — die Quellen der Einsamkeit sind vielfältig. Und es gibt noch eine andere Form von Einsamkeit, die, welche ihre Ursache in der Abwendung von Gott hat! Wer ohne Gott lebt, der vereinsamt geistlich.

3. Der Ansatz zur Selbsthilfe

Es gibt konstruktive und destruktive Wege, mit Einsamkeit umzugehen. Der eine stürzt sich in die Arbeit; er schuftet von früh bis spät. Aber damit wird das innere Loch nicht ausgefüllt. Ein anderer entwickelt eine Kaufwut. Er schafft sich jede Menge »Spielsachen« an. Auch das hilft wenig, denn Zufriedenheit ist nicht käuflich. Dinge können niemals Menschen ersetzen. Andere greifen zum Alkohol oder zu Medikamenten. Wieder andere flüchten sich in die Welt der Phantasie und verbringen Stunden vor dem Fernseher. Manche

Leute tun überhaupt nichts, sie sitzen herum und bedauern sich.

Sicher, die *große* Lösung und das schnelle Rezept gibt es nicht. Aber so wie viele Wege in die Einsamkeit führen, so gibt es auch Wege heraus. Die Schwierigkeit des unfreiwilligen Alleinseins birgt in sich auch Möglichkeiten. Einsamkeit kann wie andere Nöte entweder Tiefpunkt oder Wendepunkt sein.

Schauen wir uns doch an, wie der Apostel Paulus mit seiner Isolierung umgegangen ist.

1) Reguliere Deine Zeit

Im Loch der Einsamkeit besteht die lähmende Tendenz zum Nichtstun. Widerstehe der Versuchung, tatenlos herumzusitzen. Es gibt kreative Wege, um aus der Einsamkeit Kapital zu schlagen. Wenn das Leben Dir eine Zitrone reicht, mach Limonade daraus! Was immer Du tun kannst, tue es.

Paulus hat auf sein Alleinsein so reagiert:

> Ich habe Tychikus nach Ephesus geschickt. Bring, wenn du kannst, meinen Mantel mit, den ich in Troas bei Karpus zurückgelassen habe. Bring auch die Schriftrollen mit, vor allem die aus Pergament (2. Timotheus 4,12-13).

Paulus war nicht der Typ, der trübsinnig herumsaß. Er hätte jeden Grund gehabt, zu jammern: »Gott, es ist nicht fair, daß es mir so dreckig geht! Womit habe ich diese lausige Gefängniszelle verdient? Ist das der Lohn für meinen Einsatz in deinem Reich?« Aber er hat nicht so reagiert. Sicher war er auch niedergeschlagen, enttäuscht und deprimiert. Aber trotzdem ließ er sich nicht einfach gehen. Er wollte die tote Zeit im Gefängnis nutzen. Wie tat er das?

Timotheus, sein bester Freund, hat als Pastor die Gemeinde in Ephesus betreut. Jetzt bittet Paulus ihn, nach Rom zu kommen und im Reisegepäck seine abgegriffenen, speckigen Pergamentrollen des Alten Testamentes mitzubringen. Er wollte die Gefängniszeit als Studienzeit nutzbar machen. Zeit war für Paulus Kapital, das zu investieren ist. Er hätte in Rom viel lieber gepredigt. Weil ihm das verwehrt war, las er in den Schriftrollen und schrieb. Während seiner zweiten und letzten Gefangenschaft in Rom schrieb Paulus unter anderem den 2. Brief an Timotheus und den Titus-Brief. Ein Teil des Neuen Testamentes entstand, weil Paulus die Zeit seiner Einsamkeit weise nutzte.

2) Reduziere Deinen Schmerz

Die zweite Art, wie der Apostel mit Einsamkeit umging: Er hat seinen Schmerz reduziert, indem er sich nicht ständig damit befaßte und bitteren Gedanken nachhing. An Timotheus schrieb er:

> Als ich mich zum erstenmal vor Gericht verteidigen mußte, hat keiner zu mir gehalten. Alle haben mich im Stich gelassen. Gott möge es ihnen nicht anrechnen! (2. Timotheus 4,16).

Beachte den Satz: »Gott möge es ihnen nicht anrechnen.« Wenn Dir jemand den Rücken zudreht, wenn Du ihn brauchst, dann ist das eine schmerzliche Erfahrung. Aber Paulus hat keine Verbitterung toleriert. Er hatte jede Menge Zeit, aber er hatte keine Zeit, um sich innerlich zu vergiften und zu verhärten. Er wußte: Groll macht nur noch einsamer. Verbitterung verstärkt Vereinsamung!

Grollende Menschen bauen Mauern um sich herum, sie isolieren sich selbst. Niemand will eine sauertöpfische, griesgrämige Person um sich. Solche Leute bauen ihr eigenes Gefängnis.

Menschen werden Dich enttäuschen, auch Christen. Rechne damit! Werde nicht verbittert! Ziehe Dich nicht zurück! Mache es wie Paulus: Suche einen Timotheus und sprich Dich aus. Reguliere Deine Zeit und reduziere Deinen Schmerz.

3) Realisiere die Gegenwart Gottes

Das nagende Gefühl der Verlassenheit ist schwer zu ertragen. Wo ist Gott, wenn Du einsam bist, wenn niemand zu Dir steht? »Alle haben mich im Stich gelassen.« Während der römischen Gerichtsverhandlung ist niemand für den Apostel eingestanden. Vermutlich nicht aus Bosheit, sondern aus Schüchternheit. Aus Furcht vor Nero, dem Saddam Hussein von Rom. Kannst Du Dir vorstellen, wie verlassen und verloren sich Paulus vorkam? Aber lies nun den nächsten Vers:

> Der Herr aber war bei mir. Er hat mir Kraft gegeben...
> (2. Timotheus 4,17 Hoffnung für alle).

Es gibt keinen Ort, an dem Du Dich befindest, wo Gott keinen Zugang hätte. Es gibt keine Situation, in die Du gerätst, ohne daß Gott bei Dir wäre:

> Niemals werd ich dir meine Hilfe entziehen, nie dich im Stich lassen (Hebräer 13,5).

Es gibt keinen Ort, an dem das Gespräch mit Gott nicht möglich ist. Deine Einsamkeit ist nie eine totale. Wer lernt, mit Gott zu reden, der hat ein gewaltiges Instrument gegen Einsamkeit in seiner Hand. Mache aus einem Tiefpunkt einen Wendepunkt, indem Du die Gegenwart Gottes im Gespräch mit ihm suchst.

Eine vierte Möglichkeit, einen konstruktiven Ausweg zu finden:

4) Reagiere auf die Bedürfnisse von anderen

Anstatt sich immer nur mit Deinem eigenen Zustand zu befassen, kümmere Dich um den Zustand von anderen. Das war die Strategie des Paulus. Sein Ziel und sein Dienst waren nicht ich-, sondern du-orientiert. Er wartet auf seine Hinrichtung. Er sitzt in einem feuchten Kerker in Einzelhaft. Seine Freunde haben ihn verlassen. Aber sein Ziel hat er nicht vergessen. Zurückblickend stellt er fest:

> Der Herr aber war bei mir. Er hat mir Kraft gegeben, daß ich selbst an diesem Ort die Frohe Botschaft von Jesus verkündigen konnte und Menschen aus aller Welt sie hörten (2. Timotheus 4,17 Hoffnung für alle).

Auch am Ende seines Lebens ist der Apostel immer noch um andere besorgt. Er will, daß die Liebe Gottes und die Vergebung Jesu anderen zugänglich wird. Es gibt ja eine Einsamkeit, die hat ihre Ursache in der Abkehr von Gott. Das Schicksal derer, die ohne Gott leben, ließ Paulus bis ans Ende seines Lebens nicht kalt!

Wie reagieren wir auf die Bedürfnisse von Mitmenschen? Bitte warte nicht, bis jemand auf Dich zukommt!

Kümmere Dich um andere. Hilf ihnen aus der Sackgasse der Einsamkeit, und Dir wird selbst geholfen. Jammere nicht: »Oh Gott, ich bin so einsam.« Fange an zu beten: »Gott, hilf mir, daß ich mich heute jemandem als Freund erweise.« *Höre auf Mauern zu bauen, fange an Brükken zu schlagen!*

Zur Vertiefung

Im Zeitalter der intelligenten Maschinen werden immer mehr Menschen beziehungsisoliert. Bildschirmterminals zu Hause als Arbeitsplatz der Zukunft werden die Vereinsamung noch vermehren. Isolation wird zunehmend zu einem sozialen Problem. Der Trend zum Single-Dasein steigt. Mehr und mehr Menschen leben allein im eigenen Haushalt.

In dieser Zeit gilt doppelt: Gelebtes Christentum bietet vereinsamten Menschen Gemeinschaft mit Gott und eine Beziehung zu seinem Volk. Was gibt es besseres? Die Welt hat hier keine konkurrenzfähige Alternative zu offerieren.

Aber was ist, wenn Du Dich als Christ einsam fühlst? Begreife als erstes, daß Gott Dich und Deine Situation versteht. Der Sohn Gottes weiß, was es heißt, einsam zu sein. Denke an seine Worte am Kreuz: »Mein Gott, mein Gott, warum hast du mich verlassen?« Er versteht Deine Gefühle und möchte Dir helfen. Läßt Du ihn?

1) Reguliere Deine Zeit:

Die britischen Soziologen Rubinstein und Shaver haben in einer Umfrage herausgefunden, daß 61 Prozent der 18 bis 25jährigen in England ihrer Einsamkeit durch Fernsehen entfliehen. »TV ist vermutlich der gefährlichste Ersatz für Gemeinschaft und Geselligkeit«, sagen sie.

Seine Zeit regulieren heißt, nicht passiv dahinvegetieren, sondern geistlich am Ball bleiben. Paulus ließ sich seine Bücher und Schriftrollen bringen. Er blieb geistlich fit mit Lesen. Was liest Du im Moment? Diskutierst Du mit anderen, was Du liest?

2) Reduziere Deinen Schmerz:

Obwohl Greta Garbo 84 wurde, lebte sie nur 36 Jahre. Sie beschloß zu sterben — mit 36. Nach dem Film »Die Frau mit den zwei Gesichtern«, der 1941 gedreht wurde, beendete sie ihre Karriere und korrigierte diesen Entschluß nie mehr. Sie verschwand hinter der Tür ihres Appartements in New York. Wann immer sie in den 48 Jahren herauskam, als 40jährige, 50jährige, 60jährige, trug sie eine schwarze Brille. Niemand sah, wie sie starb. Sie hinterließ keine Memoiren, keine Erben — nur ihre Legende. Ein tragisches Bild der Einsamkeit.

Wie gehst *Du* um mit Deiner Einsamkeit? Gibt es Menschen in Deinem Leben, mit denen Du offen und ehrlich reden kannst — Leute, die Dich kennen und denen Du Dich anvertrauen kannst? Notiere ihre Namen in der Reihenfolge ihrer Verfügbarkeit:

1) .... 2) .... 3) .... 4) ....

3) Realisiere die Gegenwart Gottes:

Studiere in den kommenden Tagen sorgfältig Psalm 139,1-18. Was waren die Gefühle Davids? Wie helfen Dir die einzelnen Aussagen dieses Psalms in der Zeit der Einsamkeit? Vermerke Deine Beobachtungen und danke Gott für seine Zusage: »Ich bin immer bei dir, jeden Tag, bis zum Ende der Welt« (Matthäus 28,20).

4) Reagiere auf die Bedürfnisse von anderen:

Wer nicht einsam bleiben will, muß das Schneckenhaus verlassen in das er sich verkrochen hat! Höre auf Mauern zu bauen, fange an Brücken zu schlagen! Wie geht das? Bemühe Dich vermehrt, mit anderen zu reden. Manche Psychologen schlagen vor, in einem Tagebuch die Zahl der Gespräche, die man führt, zu vermerken, und bewußt zu versuchen, die Anzahl zu steigern. Für vereinsamte Christen ein wertvoller Vorschlag. Freundschaften entstehen nicht spontan. Die meisten wachsen langsam durch kleine Begegnungen. Notiere Dir die Namen von drei Leuten, mit denen Du in den nächsten Monaten vermehrt Kontakt anknüpfen möchtest:

. . . .

Wie bekomme ich Kraft in der Krise?

Jesus stieg in das Boot und seine Jünger folgten ihm. Als sie auf dem See waren, kam ein schwerer Sturm auf; die Wellen türmten sich und drohten das Boot unter sich zu begraben. Aber Jesus schlief. Die Jünger weckten ihn und riefen: »Rette uns, Herr, wir gehen unter!« Jesus sagte zu ihnen: »Warum habt ihr solche Angst? Ihr habt zu wenig Vertrauen!« Dann stand er auf und bedrohte den Wind und die Wellen. Da wurde es ganz still. Die Leute aber staunten und fragten sich: »Was ist das für ein Mensch, daß ihm sogar Wind und Wellen gehorchen! (Matthäus 8,23-27).

Ein Versicherungs-Experte erteilte folgenden Rat: Fahre nicht im Auto; 20 % aller tödlichen Unfälle passieren im Straßenverkehr. Bleibe nicht zu Hause; 17 % aller tödlichen Unfälle geschehen in der eigenen Wohnung. Geh nicht zu Fuß; 15 % aller tödlichen Unfälle betreffen Fußgänger. Reise nicht in der Luft, im Zug oder auf dem Wasser; 16 % aller tödlichen Unfälle ereignen sich mit diesen Verkehrsmitteln. 0,001 % aller Unfälle mit tödlichem Ausgang passieren in der Gemeinde. Fazit: Besuch den Gottesdienst, da bist du sicher!

Tatsache ist, wir leben gefährlich! Franklin D. Roosevelt hat in einer Rede gesagt: »Wir haben nichts zu fürchten als die Furcht selbst!« Das mag gut klingen, aber es ist nur beschränkt wahr. Es gibt viele Ereignisse im Leben, die zu fürchten sind. Eine plötzliche Krise, ein schwerer

Verlust, eine große Enttäuschung, ein unerwarteter Rückschlag, das kann einen jeden von uns locker vom Hocker werfen. Hiob wußte, wovon er sprach, als er sagte:

> Ich hoffte, wartete auf Licht und Glück, doch nichts als Dunkelheit und Unglück kam! Ich bin erregt und finde keine Ruhe, denn Tag für Tag umgibt mich nichts als Qual (Hiob 30,26-27).

Der Autor des 44. Psalmes wagte die Frage aufzuwerfen, die Christen nicht gerne laut stellen:

> Wach auf! Warum schläfst du, Herr? Warum verbirgst du dein Gesicht, vergißt unsere Not und Bedrängnis? (Psalm 44,24-25 Einheitsübersetzung).

Ist Gott unfair? Schweigt er? Hat er sich versteckt? In unerwarteten Krisen plagen uns dieselben Fragen, die auch Hiob das Leben schwer machten. Wie überlebt man ein inneres Erdbeben? Bevor wir darüber nachdenken, müssen wir uns über ein paar grundlegende Tatsachen Klarheit verschaffen.

1. Klarheit in der Beurteilung von Krisen

1) Sie sind unausweichlich

Niemand wird von tragischen Situationen verschont. Krisen sind unausweichlich. Keiner ist immun. Jakobus sagt: »*Wenn* euer Glaube auf die Probe gestellt wird«; er sagt nicht: »*falls*« er auf die Probe gestellt wird (Jakobus 1,3).

Das Leben ist nicht fair! Wir meinen, es sollte fair sein, weil Gott fair ist. Aber die Tatsache des Kreuzes hat die

Idee, daß das Leben fair sei, ein für allemal demoliert. Jesus Christus selbst wurde nicht von Tragödien verschont! Krisen sind unausweichlich. Und nicht nur das:

2) Sie sind unterschiedlich

Das heißt, Krisen kommen in allen Varianten und Schuhgrößen. Sie können umstandsbezogen, personenbezogen oder gefühlsbezogen sein:

— *Umstandsbezogen:* Das sind äußere Umstände. Manche können wir beeinflussen, andere nicht. Ein Mann mit Namen Murphy hat ein Gesetz aufgestellt. »Murphy's Gesetz« lautet: »Wenn etwas schiefgehen kann, dann wird es schiefgehen.«

— *Personenbezogen:* Das sind die zwischenmenschlichen Konflikte auf allen Ebenen. Spannungen zwischen Eltern und Kindern, zwischen den Partnern selbst, Konflikte mit Freunden oder Verwandten, Komplikationen am Arbeitsplatz und und und ...

— *Gefühlsbezogen:* Da geht es um emotionale Tiefpunkte: Angst, Schuldgefühle, Depression, Entmutigung, Enttäuschung. Jemand kann mitten in einer gefühlsbezogenen Krise stecken, ohne daß Du ihm oder ihr das ansiehst. Äußerlich ist alles okay, aber innerlich laufen die Gefühle Amok.

Krisen sind unausweichlich, sie sind unterschiedlich und:

3) Sie sind unparteiisch

Denn er läßt die Sonne scheinen auf böse wie auf gute Menschen, und er läßt es regnen auf alle, ob sie ihn ehren oder verachten (Matthäus 5,45).

Tragische Ereignisse passieren netten Leuten genauso wie gemeinen. Das Christsein bietet keine Immunität vor Konflikten und Krisen! Christen werden nicht bewahrt vor der Ungerechtigkeit des Lebens. Das einzige, wovor das Christsein Dich bewahrt, ist die Verdammnis. Du wirst in Deinem Leben dieselben Probleme haben wie alle anderen um Dich herum. Der einzige Unterschied besteht darin, daß Du eine Kraftquelle hast, an die Du Dich wenden kannst.

Manche streng-orientierten Christen haben die Auffassung, wenn jemand in einer Krise steckt, dann hat er gesündigt. Das mag manchmal zutreffen, aber längst nicht immer. Manche Konflikte sind selbstgestrickte Probleme. Aber andere Tragödien ereignen sich selbst dann, wenn Dein Leben mit Gott ganz im reinen war. Die Jünger in Matthäus 8 sind Jesus ins Boot nachgefolgt und segelten geradewegs in einen schlimmen Sturm. Ihr Gehorsam schützte sie nicht.

Krisen sind unausweichlich, unterschiedlich, unparteiisch und:

4) Sie sind unvorhersehbar

Der Sturm auf dem See Genezareth kam überraschend, ohne Anzeichen:

> Als sie auf dem See waren, kam ein schwerer Sturm auf; die Wellen türmten sich und drohten das Boot unter sich zu begraben (Matthäus 8,24).

Wäre das schwere Unwetter voraussehbar gewesen, hätte sich die Mannschaft gar nicht erst aufs Wasser gewagt.

So ist es oft auch mit den Stürmen im Leben. Sie kommen plötzlich, ohne Anzeichen und ohne Vorbereitung.

5) Ich kann meine Reaktion wählen

Ist Dir auch schon aufgefallen, daß unterschiedliche Leute auf gleiche Krisen unterschiedlich reagieren? Gleiche Umstände, gleiche Kritik, gleicher Konflikt, gleiche Krankheit, aber eine komplett andere Reaktion. Die Jünger reagierten auf den Sturm mit Panik, während Jesus friedlich schlief.

Kannst Du Dir die Szene vorstellen: Ein Sturm tobt, das Boot ist am Sinken, die Jünger in Panik, und Jesus schläft! Ein Bild des Vertrauens. Christus illustriert für die Jünger, wie sich Gottvertrauen auswirken kann.

Zwei Reaktionen sind möglich: Panik oder Peace, Furcht oder Frieden. Wie gehen *wir* mit schwierigen Situationen um?

2. Kraft im Umgang mit Krisen

Eines ist sicher: Wir werden mit Krisen konfrontiert. Jeder von uns auf die eine oder andere Art. Wie verarbeiten wir den Psycho-Streß, der damit verbunden ist? Das Gewitter auf dem See Genezareth war nicht einfach ein kleiner Regenguß, sondern eine echt bedrohliche Situation, die selbst bei diesen Naturburschen einen Bammel auslöste.

Das griechische Wort für »Sturm« in Matthäus 8 ist *seismos,* d. h. ein heftiges Schütteln. Und mitten in dem Boot, das in der schäumenden Gischt hin und her geworfen wird, ist einer friedlich am Schlafen. Matthäus berichtet nüchtern: »Aber Jesus schlief« (Matthäus 8,24).

Wie in aller Welt finde ich Frieden im Sturm? Wie kann ich lernen, cool zu bleiben in der Krise?

Das Drama auf dem See Genezareth lehrt uns drei Dinge:

1) Vertiefe Dich in Gottes Gegenwart

> Jesus stieg in das Boot und seine Jünger folgten ihm (Matthäus 8,23).

Frage: Als die Jünger sich mitten im Sturm befanden, wer war mit ihnen im Boot?

Jesus!

Das ist entscheidend. Die Jünger waren nicht allein. Der Sohn Gottes war bei ihnen! Aber diese Tatsache hatten sie vergessen. Und so geht es auch uns, wenn ein Desaster zuschlägt. Wir vergessen Gottes Gegenwart und zweifeln, ob er überhaupt noch da ist.

In der Bedrängnis muß ich lernen, meine Perspektive zu ändern: *Weg von der Krise – hin zu Christus!* Wer sich in seine Probleme vertieft, der wird zusehends deprimiert. Wer sich dagegen mit Gottes Gegenwart beschäftigt, der findet Trost. Mit ihm im Boot habe ich Sicherheit auch im größten Sturm.

Aus dem Lautsprecher eines Verkehrsflugzeugs kam folgende Durchsage: »Hier spricht der Kapitän. Wir haben soeben wegen eines technischen Defekts eines unserer vier Triebwerke abstellen müssen. Sie brauchen sich deswegen aber keine Sorgen zu machen, denn wir können auch mit dreien weiterfliegen und landen auf jeden Fall pünktlich in einer halben Stunde in London. Im übrigen kann ich Ihnen die erfreuliche Mitteilung machen, daß wir vier Bischöfe an Bord haben.« Eine 86jährige Frau, die zum erstenmal flog, rief eine Stewardeß heran und flüsterte ihr ins Ohr: »Richten Sie bitte dem Kapitän aus, daß mir vier Triebwerke und drei Bischöfe lieber wären.«

Kein Mensch kann die Gegenwart Gottes ersetzen. Gott ist da — auch zur Zeit des Verlustes, auch wenn wir seine Gegenwart überhaupt nicht spüren und wenn wir meinen, er habe uns im Stich gelassen:

> Wenn die Seinen rufen, hört er sie und rettet sie aus jeder Bedrängnis. Wenn sie verzweifelt sind und keinen Mut mehr haben, dann ist er ihnen nahe und hilft (Psalm 34,18-19).

Vertiefe Dich in Gottes Gegenwart; er ist Dir nahe, ganz egal was Du im Moment erlebst. Du durchschreitest keine Talsohle alleine. Was für David galt, gilt auch für Gottes Volk heute: »Du, Herr, bist bei mir … das macht mir Mut« (Psalm 23,4).

Ob Leiden, Not, Entbehrung, Gefahr oder Tod, Paulus erinnert uns daran: »Mitten in all dem triumphieren wir mit Hilfe dessen, der uns seine Liebe erwiesen hat« (Römer 8,37).

2) Verlasse Dich auf Gottes Güte

Gott ist nicht nur gegenwärtig, er sorgt zudem für uns in der Krise. Das Ereignis im Sturm wird auch von Markus berichtet. Dort lesen wir:

Jesus aber schlief im Heck des Bootes auf einem Kissen. Die Jünger weckten ihn und riefen: Kümmert es dich nicht, daß wir untergehen? (Markus 4,38).

In der Sackgasse der Krise ist unsere erste Reaktion oft die, daß wir an Gottes Güte zweifeln. Wieso passiert mir das, warum ausgerechnet ich, warum ausgerechnet jetzt, Gott, hast Du kein Mitleid, liebst Du mich nicht?

Die Antwort lautet: Natürlich hat er Mitleid, selbstverständlich liebt er Dich.

Ein älterer Mann lag im Sterben und wurde von seinem Pastor besucht. Als der Pastor an sein Bett trat, bemerkte er einen leeren Stuhl. Er sagte zum Patienten: »Ich sehe, du hast heute schon Besuch gehabt.« »Nein«, antwortete der alte Mann im Bett, »das muß ich Dir erklären: Vor Jahren, als ich zum Glauben kam, hatte ich Mühe zu beten, ich wußte einfach nichts zu sagen. Da hat mir ein Freund empfohlen, jedes Mal beim Beten einen leeren Stuhl vor mich hinzustellen und mir vorzustellen, daß Jesus Christus darauf säße, und mit ihm zu reden wie mit einem Freund. Das hat mir damals sehr geholfen. So habe ich gelernt zu beten, und es ist mir bis heute eine liebe Gewohnheit geworden.«

Zwei Tage später bekam der Pastor einen Anruf von der Tochter des Mannes. Sie weinte und berichtete ihm von dem Tod ihres Vaters. Sie hatte ihm sein Abendessen gegeben, verließ das Zimmer für einen Moment, und als sie zurückkam, war er bereits verstorben.

Alles war so, wie sie das Zimmer verlassen hatte. Nur etwas fiel ihr auf: Ihr Vater hatte seinen Arm ausgestreckt auf einem leeren Stuhl.

Wir haben keine Ahnung, wie groß die Liebe ist, die

Gott zu uns hat. Sie ist größer, tiefer und unergründlicher als alles, was wir uns jemals vorstellen können:

> Ihr sollt erkennen, wie unermeßlich die Liebe ist, die Christus zu uns hat und die alles Begreifen weit übersteigt (Epheser 3,19).

> Niemand liebt mehr als der, der sein Leben für seine Freunde opfert (Johannes 15,13).

Jesus Christus hat genau das getan. Er wurde Mensch wie wir. Er litt wie wir. Er wurde enttäuscht wie wir. Zuletzt gab er sein Leben hin, damit wir dem ewigen Tod entrissen würden und einen unvergänglichen Beweis seiner Liebe hätten.

Gott ist immer bei mir, und er sorgt für mich. Markus 4 zeigt noch einen dritten Aspekt: Er ist immer Herr der Lage.

3) Vertraue auf Gottes Größe

> Da stand Jesus auf, bedrohte den Wind und befahl dem tobenden See: Still! Gib Ruhe! Der Wind legte sich, und es wurde ganz still (Markus 4,39).

Kannst Du Dir vorstellen, was für einen Eindruck das gemacht hat auf die Jünger? Da gab es nichts mehr zu argumentieren, sie waren Augenzeugen. Gott hat immer noch die Kontrolle über seine Schöpfung. Zufall scheidet aus als plausible Erklärung. Die Jünger waren Zeugen eines Wunders. Nicht nur der Sturm hat sich augenblicklich gelegt, selbst der See wurde sofort glatt. Die Wellen im Wasser brauchen ja normalerweise einige Zeit, bis sie ausebben.

Der Sohn Gottes hat dieses Doppelwunder bewirkt, um den Jüngern zu zeigen, daß sich absolut nichts seiner Macht entzieht. Er hat selbst die Natur im Griff.

Wenn wir auf eine Krise mit Panik reagieren, dann ist das die natürliche erste Reaktion. Angst entsteht, wenn wir eine Situation nicht mehr im Griff haben, sie nicht mehr kontrollieren können. Einen großen Teil unseres Lebens können wir nicht selbst regulieren; folglich gibt es vieles, das in uns Angst auslöst.

Vertrauen zu Gott ist das Geheimnis zur Überwindung von Angst. In dem Maße, wie mein Vertrauen zu Gott wächst, lerne ich mit Lebensängsten umzugehen. Jesus hat die Jünger gefragt:

> Warum habt ihr solche Angst? Habt ihr denn immer noch kein Vertrauen? (Markus 4,40).

Christus hat Furcht und Vertrauen einander gegenübergestellt. Das Gegenmittel zur Furcht ist Vertrauen!

Um was geht es hier? Irgendwann in meinem Leben muß ich an den Punkt kommen, wo ich begreife, daß ich nicht alles im Griff habe. Das ist ein entscheidender Reifeschritt!

Ich kann nicht über jeden Aspekt meines Lebens Kontrolle ausüben — aber ich muß auch nicht. Ich mag in einer Situation keine Übersicht mehr haben, aber Gott hat die Sache immer noch im Griff. Er hat den Fernblick, er sorgt für mich und er ist bei mir.

Es gibt viele Geschehnisse, auf die wir keinen Einfluß haben, und genau das macht eine Krise zur Krise. Aber Gottes Macht ist nicht eingeschränkt, er ist ein sicherer Zufluchtsort!

So gesehen *wird eine Krise zur Chance!* — zur Chance, Gott intimer kennenzulernen!

> Wer unter dem Schutz des höchsten Gottes lebt und bei ihm, der alle Macht hat, bleiben darf, der sagt zum Herrn: Du bist meine Zuflucht, bei dir bin ich sicher wie in einer Burg. Mein Gott, ich vertraue dir (Psalm 91,1-2).

Unser Thema läßt sich in einem Satz zusammenfassen: *Wir fürchten uns zuviel und vertrauen Gott zuwenig!* Jesus hat es so formuliert:

> Dies alles habe ich euch gesagt, damit ihr in meinem Frieden geborgen seid; denn in der Welt wird man euch hart zusetzen. Verliert nicht den Mut: Ich habe die Welt besiegt! (Johannes 16,33).

Zur Vertiefung:

Laß mich Dich etwas fragen: Denkst Du, daß Jesus damals auf dem See gewußt hat, daß jener Sturm kommen würde? Wußte er im voraus, was sich da abspielen würde? Ja sicher, als Sohn Gottes entzog sich nichts seiner Kenntnis. Aber wenn er es gewußt hat, wieso ließ er es denn zu, daß diejenigen, die ihm nachfolgten, in die Krise gerieten? Wieso hat er sie vor dem aufziehenden Sturm nicht gewarnt?

Weil er ihnen eine Wahrheit beibringen wollte, eine Wahrheit, die einzig und allein durch Erfahrung lernbar ist: *Christus ist vertrauenswürdig in der Krise!* Der einzige Weg, das zu erfahren, besteht darin, selbst durch die Talsohle hindurchzugehen.

Die Krise als Chance zum Aufbruch:

»Widerwärtigkeiten sind Pillen, die man schlucken muß und nicht kauen« (Georg Lichtenberg). Drei Faktoren helfen uns, die bitteren Pillen des Lebens zu schlucken:

1) Gott ist immer bei mir

Frage: Welcher Sturm schüttelt Dein Boot im Moment? Was ist es, das Dich ängstigt und plagt? Hast Du gelernt, deine Augen abzuwenden von der Krise und hinzuwenden auf Christus? Das hat Paulus getan, als er in Rom im Gefängnis saß: Bitte lies und studiere Philipper 1,12 - 14: Wie hat der Apostel seine persönliche Krise als Chance genutzt?

_____

Wie kannst Du *Dein* Minus in ein Plus verwandeln? Wie ist die Tatsache, daß Gott an Deiner Seite steht und Dich nicht vergessen hat, Dir eine Hilfe?

_____

Übrigens — wieso auf ein Dilemma warten, bis Du Dich mit der Realität der Gegenwart Gottes befaßt? Seine Gegenwart ist nur in der Praxis erfahrbar. Ein Pfund Taten ist hier mehr wert als eine Tonne Worte. Überlege mal konkret: In welchem Bereich willst Du Gott in diesem Jahr eine Chance geben, Dir seine Gegenwart zu zeigen?

Mache einen Vermerk: _____ und bitte Gott darum, Dir in diesem Bereich zu begegnen!

2) Gott sorgt immer für mich

Diese Tatsache vergessen wir im Clinch der Krise nur zu schnell. Wenn alles dunkel erscheint, dann meinst Du, Gott kümmere sich nicht um Dein Schicksal. Wo hast Du im vergangenen Jahr die Güte Gottes erleben dürfen? Notiere Dir mindestens fünf Beispiele und nimm Dir anschließend Zeit, dafür zu danken!

_____ _____ _____ _____ _____

3) Gott ist immer Herr der Lage

Das heißt nicht, daß er einverstanden ist mit allem, was geschieht. Das heißt noch viel weniger, daß er der Urheber ist von allem, was geschieht. Aber das heißt, daß nichts geschehen kann ohne seine Einwilligung.

Oft fragen wir uns, wieso er bestimmte Dinge erlaubt. Um diese Frage zu beantworten, müssen wir unsere Perspektive ausweiten. Bitte konsultiere die folgenden Textstellen und notiere Dir jeweils den Grund der Krise!

* 1. Mose 37,2-27;45,4-11.

_____

* 5. Mose 8,2-16.

_____

* Römer 5,3-4.

_____

* 1. Petrus 1,6-7.

_____

Wieso passiert mir das?

Da konnte Josef nicht länger an sich halten. Er schickte alle Ägypter aus dem Raum. Kein Fremder sollte dabeisein, wenn er sich seinen Brüdern zu erkennen gab. Als er mit ihnen allein war, brach er in Tränen aus. Er weinte so laut, daß die Ägypter es hörten, und bald wußte der ganze Hof des Pharaos davon. »Ich bin Josef!« sagte er zu seinen Brüdern. »Lebt mein Vater noch?« Aber sie brachten kein Wort heraus, so fassungslos waren sie. Er rief sie näher zu sich und wiederholte: »Ich bin euer Bruder Josef, den ihr nach Ägypten verkauft habt! Erschreckt nicht und macht euch keine Vorwürfe deswegen. Gott hat mich hierher nach Ägypten gebracht, um euer Leben zu retten. Zwei Jahre herrscht nun schon Hungersnot, und es kommen noch fünf Jahre, in denen man die Felder nicht bestellen und keine Ernte einbringen kann. Deshalb hat Gott mich vorausgeschickt. Es ist sein Plan, euch hier in diesem Land das Leben zu erhalten und euch und eure Nachkommen auf diese ungewöhnliche Weise zu retten. Nicht ihr habt mich hierhergebracht, sondern Gott. Er hat es so gefügt, daß ich die rechte Hand des Pharaos geworden bin und sein ganzer Hof und ganz Ägypten mir unterstellt ist (1. Mose 45,1-8).

Rabbi Harold Kushner hat 1981 einen Bestseller geschrieben mit dem Titel: »Wenn guten Menschen Böses widerfährt«. In diesem Buch versucht Kushner, einem tragischen Ereignis in seiner eigenen Familie Sinn zu geben. Er schreibt:

Wie die meisten Menschen war auch ich mir bewußt, wie viele Tragödien das Leben verdüsterten. Wie oft hörte man davon, daß junge Leute Unfälle erlitten und als Krüppel dahinsiechten, daß Nachbarn behinderte oder geistig kranke Kinder hatten, über die man nur in gedämpftem Ton sprach. Doch das Bewußtsein all dessen hatte mich nie dazu verleitet, an Gottes Gerechtigkeit zu zweifeln... Ich nahm an, daß Er mehr von dieser Welt verstand als ich.

Dann aber kam der Tag im Krankenhaus, als der Arzt uns über Aaron aufklärte und uns auseinandersetzte, was die Krankheit »Progerie« bedeutet. Es schien allem Hohn zu sprechen, was man mich gelehrt hatte. Ich konnte nur wieder und wieder denken: »Das kann nicht sein! So darf es auf der Welt nicht zugehen!« Tragödien wie diese konnten vielleicht selbstsüchtigen, unredlichen Leuten zustoßen, die ich dann als Rabbiner zu trösten versuchte... Wie konnte das aber mir und meinem Sohn widerfahren, wenn das Bild der Wahrheit entsprach, das ich mir von dieser Welt gemacht hatte? (H. Kushner, S. 11-12)

Der Rabbiner befaßt sich dann mit dem Buch Hiob. Nach seiner Auffassung lautet die Lehre Hiobs:

Gott möchte, daß die Gerechten ein friedvolles, glückliches Leben haben, aber manchmal bringt das selbst Er nicht zuwege. Selbst für Gott ist es zu schwierig, Chaos und Grausamkeit von unschuldigen Opfern fernzuhalten (H. Kushner, S. 51).

Harold Kushner steht mit seinem Leid und seiner Absage an die souveräne Herrschaft Gottes natürlich nicht alleine da. In den Köpfen von vielen Leuten steckt die unausgesprochene Annahme, welche C. S. Lewis so formuliert hat:

Wenn Gott gut wäre, würde Er seine Geschöpfe vollkommen glücklich machen wollen; und wenn Gott allmächtig wäre, würde Er imstande sein, zu tun, was Er will. Nun aber sind die Geschöpfe nicht glücklich. Darum fehlt es Gott entweder an Güte oder an Macht oder an beidem.

Lewis' Antwort auf dieses Dilemma ist brillant, und sein Buch »Über den Schmerz« kann man auch Nichtchristen nur empfehlen.

Die Bibel lehrt zwei Tatsachen ohne Umschweife: Gottes Allmacht und Gottes Liebe. Das eine schließt das andere nicht aus. Aber Gottes Macht und Liebe sind in einer gefallenen Schöpfung für die gefallenen Geschöpfe nicht immer wahrnehmbar. Wenn ich mich mit Krankheit, Konflikt und Kummer konfrontiert sehe, dann versperrt mir das schnell nicht nur den Blick nach oben, sondern auch den Blick nach innen.

1. Im Dschungel der inneren Welt

Was spielt sich ab, wenn wir unsere Umstände nicht mehr im Griff haben, wenn uns die Kontrolle über das eigene Leben entgleitet?

* Meine Gefühle laufen Amok: Auflehnung
* Mein Selbstwertempfinden wird demontiert: Deprimierung
* Meine Energie geht pleite: Erschöpfung
* Meine Beziehungen frieren ein: Isolierung

Es ist leichter, der Liebe und Herrschaft Gottes zu vertrauen, wenn jemand anderes leidet, als wenn es einen selbst betrifft. Wenn die innere Welt ins Chaos gerät, brauchen wir Hilfe. Der Apostel Paulus beschreibt in einer ausweglosen Situation seinen eigenen Gemütszustand und macht eine sehr tröstliche Beobachtung. Er sagt:

> Ich fühlte mich wie einer, der sein Todesurteil empfangen hat. Aber das geschah, damit ich nicht auf mich selbst vertraue, sondern mich allein auf Gott verlasse, der die Toten lebendig macht (2. Korinther 1,9).

2. Was wir in der Abwärtsspirale vergessen

Im Alten Testament finden wir den biographischen Bericht des Josef. Seine Lebensstory ist bemerkenswert, weil wir uns mit seinen Schwierigkeiten identifizieren können. Der biblische Bericht beginnt, als Josef ein Teenager war, und endet mit seinem Tod im Alter von 110 Jahren.

Während seines Lebens hat Josef den Verkauf ins Sklaventum, die Verleumdung durch die Frau eines ägyptischen Regierungsbeamten, die Verschacherung im Gefängnis und die Beförderung zum Ministerpräsidenten von Ägypten erlebt. Josefs Biographie läßt sich mit vier Worten zusammenfassen: *Vom Knast zur Krone*.

Seine Erfahrung wirft tröstliches Licht auf die Lebensumstände, die uns unbegreiflich sind. Wie hat Josef in der Abwärtsspirale überlebt? Er hat drei Tatsachen begriffen:

1) Gott sieht, was geschieht

Josef war ein Mensch wie Du und ich. Er hatte seine Schwächen und er erlebte seine Enttäuschungen. Aber

eines war ihm ganz offensichtlich klar: Gott ist im Bild
über meine Umstände. Mein Konflikt läßt ihn nicht kalt.
Eine wichtige Feststellung taucht immer wieder auf in
seiner Biographie, und zwar jedesmal nach einer kapitalen Krise:

> Der Herr aber war mit Josef ... (1. Mose 39,2).

Wie ermutigend, zu wissen: Egal was daneben geht,
Gott sieht, was geschieht. Er ist bestens informiert. Er
verschläft Deine Situation nicht. Der Psalmist sagt:

> Er wird deinen Fuß nicht gleiten lassen, und der dich
> behütet, schläft nicht. Siehe, der Hüter Israels schläft
> noch schlummert nicht (Psalm 121,3-4).

2) Gott erlaubt freien Willen

Als zweites hatte Josef begriffen, daß Gottes Souverä-
nität und menschlicher, freier Wille sich nicht gegensei-
tig ausschließen. Menschen sind keine Maschinen, keine
Marionetten. Wir haben die Freiheit, zu entscheiden.
Wenn wir ignorieren, was richtig ist, dann zwingt uns
Gott seinen Willen nicht auf.

Oft ist es aber so, daß Gott für Dinge angeklagt wird,
die wir selbst entschieden haben. Wenn eine Katastrophe
oder eine Tragödie passiert, dann versuchen wir, fromm
zu tönen, und sagen: Das muß Gottes Wille gewesen
sein! Als ob Gott ein Sadist wäre und Spaß an menschli-
chem Leid hätte ...

Tatsache ist, daß Gottes Wille *nicht* immer geschieht. Er
erlaubt unsere eigene Entscheidung und gibt uns die

Freiheit, Fehler zu machen und Probleme zu verursachen. Nicht nur die eigenen, auch die Fehler von anderen können uns Schmerz zufügen. In Josefs Fall waren es seine eigenen Brüder, die vorsätzlich Böses planten:

> Die Brüder sahen Josef schon von weitem. Während er sich näherte, faßten sie den Plan, ihn zu töten (1. Mose 37,18).

Gott hielt sie nicht davon ab, Josef Schaden zuzufügen; aber er hat die Umstände zu seiner Zeit gewendet, um seinen längerfristigen Plan durchzuführen.

3) Gott kann Tragödien in Triumph verwandeln

Auch wenn wir ein Match verlieren, ist das Tunier deshalb noch lange nicht verloren. Josef hat gleich mehrere Matche verloren: Zuerst kam er fast um in einer Zisterne, dann wurde er in die Sklaverei verkauft. Als nächstes wird er verleumdet, man hängt ihm eine Vergewaltigung an, er wird verurteilt und landet im Zuchthaus. Miese Aussichten! Es sieht so aus, als sei sein Leben eine einzige Abwärtsspirale.

Aber das Ende bei Josef war erst der Anfang bei Gott. Im Knast lernt Josef einen einflußreichen Politiker kennen, und als der wieder freikommt, erinnert er sich zwei Jahre später an Josef, als der Pharao einen Traum hat, den niemand deuten kann. Josef wird zu einer Audienz mit dem Pharao gerufen und verblüfft ihn mit einer exakten Wirtschaftsprognose für die nächsten sieben Jahre. Was ist das Resultat? Der Pharao sagt zu Joseph:

Du sollst mein Stellvertreter sein, und mein ganzes Volk soll dir gehorchen. Nur die Königswürde will ich dir voraushaben. Ich gebe dir die Vollmacht über ganz Ägypten (1. Mose 41,40-41).

Vergessen wir es nicht: Gott sieht, was geschieht; er gibt uns die Freiheit zu entscheiden; und er kann selbst die Bosheit der Menschen so fügen, daß letztlich sein Plan zur Erfüllung kommt.

Wie sieht es bei Dir aus? Vielleicht gehst Du zur Zeit durch eine Josefs-Erfahrung. Vielleicht wirst Du unschuldig verdächtigt, oder Du bist das Opfer einer Situation, die Du nicht verursacht hast! Was auch immer, beachte, wie Josef mit seinen Umständen umgegangen ist:

3. Eine persönliche Perestroika

Wie hat Josef reagiert, als ihm die Übersicht über sein Leben abhanden kam?

1) Bewältigtes Selbstmitleid

Wenn uns massives Unrecht geschieht, dann ist die Tendenz zur Selbstbemitleidung groß. Josef hat sicher das ganze Gemütsspektrum von Aggression bis zur Depression durchlaufen. Als im Hause Potifars sein korrektes Verhalten ins Gegenteil verdreht wurde, da hatte er allen Grund, sich selbst zu beklagen: »Als Potifar das hörte, packte ihn der Zorn. Er ließ Josef festnehmen und in das königliche Gefängnis bringen ...«

Doch an diesem neuen Tiefpunkt finden wir wieder den kurzen Vermerk: »Aber der Herr half Josef.« Er hat ihm geholfen durch die Gunst des Gefängnisverwalters (1. Mose 39,21-23).

Offensichtlich hatte sich Josef nicht isoliert. Er ist nicht in seinem Schmollwinkel sitzen geblieben. Er, der durch einen Justizirrtum gefangen war, kümmerte sich um andere, die zu Recht hinter Gittern saßen. Als er zwei bedrückte Neuinsassen sah, fragte er: »Warum laßt ihr heute den Kopf hängen?« (1. Mose 40,7).

Das sagt einiges aus über seine Einstellung. Wer sich um andere kümmert, hat keine Zeit, sich selbst zu verhätscheln!

2) Befreit von Bitterkeit

Denkst Du, daß Josef Mühe hatte, seinen Brüdern zu vergeben? Ganz bestimmt. Am Anfang auf jeden Fall, aber wichtiger als der Anfang ist der Schluß. Lies doch, wie Josef Jahre später nach dem Tod seines Vaters mit seinen jetzt ängstlichen Brüdern umgegangen ist:

> Habt keine Angst! Ich werde nicht umstoßen, was Gott selbst entschieden hat. Ihr hattet Böses mit mir vor, aber er hat es zum Guten gewendet... habt also keine Angst! Ich werde für euch und eure Kinder sorgen (1. Mose 50,19-21).

Seine Brüder hatten ihn *verhökert,* seine Arbeitgeberin hatte ihn *verleumdet* und sein Freund, der Politiker, hatte ihn *vergessen.* Trotzdem wurde Josef am Ende kein verbitterter alter Pensionär. Er lebte aus der Vergebung, und er vergab — ein zeitloses Prinzip, das im Neuen Testament so formuliert wird:

Tragt es keinem nach, wenn er euch Unrecht getan hat; sondern vergebt einander, wie der Herr euch vergeben hat (Kolosser 3,13).

Das bringt uns zurück zur Grundfrage:

4. Wieso passiert mir das?

Streß, Konflikt, Schwierigkeiten, Widerwärtigkeiten — all das muß nicht sinnlos und zwecklos sein. *Probleme haben Potential!* Sie können zum *Stolperstein* werden, der mich zu Fall bringt. Aber sie können auch zum *Trittstein* werden, der mich weiterführt! Das Unrecht, das Josef widerfuhr, war nicht einfach ein absurdes Schicksal. Gott hatte einen Plan, von dem Josef jahrelang nichts wußte. Erst viel später erkannte er, daß sich die Probleme seines Lebens *produktiv* im Plan Gottes ausgewirkt hatten:

> Deshalb hat Gott mich vorausgeschickt. Es ist sein Plan, euch hier in diesem Land das Leben zu erhalten und euch und eure Nachkommen auf diese ungewöhnliche Weise zu retten ... Ihr hattet Böses mit mir vor, aber er hat es zum Guten gewendet ... Das war sein Plan, und so ist es geschehen (1. Mose 45,7 und 50,20).

Vielleicht sagt jemand: Das ist ja schön und gut, für Josef ging die Rechnung auf. Aber was ist mit dem Rest von uns? Was ist mit denen von uns, die keinen blauen Dunst haben, wieso ihr Leben vermasselt wurde?

Die Frage bleibt: Wieso passiert mir das? Warum ausgerechnet ich? Wozu soll das alles nur gut sein? Ich maße mir nicht an, Patentlösungen zu kennen. Es gibt keine einfachen Antworten. Menschliches Leid bleibt eine quälende Erfahrung. Trotzdem gibt es im Neuen Testament Anhaltspunkte, die uns eine Hilfe sind. Auf die Frage: »Wieso passiert mir das?« gibt Jakobus drei Antworten:

1) Um meinen Glauben zu prüfen

> Liebe Brüder! Ihr braucht nicht zu verzweifeln, wenn euer Glaube immer wieder hart auf die Probe gestellt wird (Jakobus 1,2 Hoffnung für alle).

Wieso habe ich Probleme? Jakobus sagt, Lebenskrisen treten auf, um unseren Glauben auf die Probe zu stellen. Das Wort »Probe« hat die Bedeutung von »Test«. Es ist eine Untersuchung mit dem Ziel, das Wesen und die Qualität der geprüften Sache oder Person festzustellen.

Für Jakobus ist der Glaube viel mehr als nur ein Bekenntnis. Der Glaube an den einen lebendigen Gott ist so wichtig, daß er geprüft werden muß. Er wird erstens geprüft, damit er sich als echt erweisen kann, und zweitens, damit er durch die Prüfung geläutert und gestärkt wird.

Jemand hat gesagt: »Menschen sind wie Teebeutel: Man weiß nicht, was der Inhalt ist, bis sie im heißen Wasser sitzen.« Hast Du Dich auch schon im heißen Wasser befunden? Wurde Dein Glaube auch schon auf den Prüfstand gestellt?

Glaube wird geläutert, wenn die Umstände sich anders entwickeln als wir geplant haben. Es ist einfach, zu glauben, wenn alles so läuft, wie wir es wollen. Echter Glaube wird getestet, so wie der Josefs?

2) Um meine Ausdauer zu fördern

Jakobus präsentiert einen zweiten Grund, wieso uns Widerwärtigkeiten zustoßen:

> Denn ihr wißt: Wenn euer Glaube auf die Probe gestellt wird, führt euch das zur Standhaftigkeit (Jakobus 1,3).

Im Leben Josefs sahen wir die Entwicklung vom Knast zur Krone. Glaubst Du, der Häftling in der Zelle X hätte es geschafft, als Ministerpräsident von Ägypten die gesamte Wirtschaft zu sanieren, ohne daß Gott zuerst seinen Glauben und seine Ausdauer getestet hätte? Durch persönliche Nöte wurde in das Leben Josefs die Qualität der Stabilität eingebaut, die Fähigkeit, belastbar zu sein.

Das griechische Wort für »Standhaftigkeit« bedeutet genau das: die Fähigkeit, mit Belastungen umzugehen, ohne zu fliehen.

Wie bringt uns Gott bei, mit Drucksituationen umzugehen? Indem er es zuläßt, daß wir in Drucksituationen geraten. Es gibt keine andere Möglichkeit. Du lernst, belastbar zu sein, indem Du belastet wirst!

Jakobus spricht nicht von einer passiven Einstellung. Er spricht nicht von jemandem, der unter Druck einfach resigniert. Er redet von der Fähigkeit, Schwierigkeiten zu begegnen, ohne gleich davonzurennen. Wir Wohlstandsverwöhnten haben ja eine permanente Liebesaffäre mit der Bequemlichkeit. Das ist unser großes Lebensziel: persönliche Sicherheit und Bequemlichkeit! Aber Gott erlaubt schwierige Umstände, um uns aus der Komfortzone zu holen und geistlich stabil zu machen.

Probleme prüfen meinen Glauben, fördern meine Ausdauer und sie haben noch eine dritte Ursache:

3) Um meinen Charakter zu entwickeln

> Diese Standhaftigkeit muß jedoch zu ganzer Bewährung gelangen. Ihr sollt sie in all eurem Handeln betätigen, damit ihr zu voller geistlicher Reife kommt und es euch an nichts mangelt (Jakobus 1,4).

Was sagt Jakobus? Gott will unsere Lebenskrisen benützen, um unseren Charakter zur Reife zu führen. Das ist das Ziel des Lebens als Christ. Gott will Charakter bauen. Er will uns in sein Bild verwandeln. Widerwärtigkeiten sind die Werkstatt, in der Charakter geformt wird. Meinst Du wirklich, daß der Josef, der Ägypten regierte, derselbe geblieben ist wie der Josef, der nach Ägypten verkauft wurde? Sicher nicht; die Jahre der Enttäuschungen haben seinen Charakter geprägt.

Das Ziel der Prüfung ist die »Vollkommenheit«, so übersetzt es die Luther- und die Zürcherbibel. Das Wort »vollkommen« in Jakobus 1,4 bedeutet aber nicht Perfektion, sondern vielmehr »charakterliche Reife« oder »volles Wachstum«.

Krisen können aus Kindern Erwachsene machen! Wie wir auf Probleme reagieren, das hat entscheidenden Einfluß auf unser Wachstum. Und in all dem dürfen wir der Verheißung des Neuen Testaments vertrauen:

> Gott wird sein Werk, das er bei euch angefangen hat, auch vollenden bis zu dem Tag, an dem Jesus Christus kommt (Philipper 1,6).

Fassen wir zusammen: *Probleme haben Potential!* Sie können meinen Charakter verbittern oder verbessern! Widerwärtigkeiten sind unausweichlich, aber nicht unerbaulich. Gott benützt sie, um meinen Glauben zu prüfen, meine Ausdauer zu fördern und meinen Charakter zu entwickeln.

Zur Vertiefung

Harold Kushner schreibt über seine Erfahrung mit Leid:

> Was ich an jenem Tag am heftigsten verspürte, war ein tiefes, schmerzhaftes Gefühl der Ungerechtigkeit. Es war alles so sinnlos; ich war doch kein schlechter Mensch gewesen! Ich hatte zu tun versucht, was Gott wohlgefällig war ... Ich glaubte, Gottes Wegen zu folgen und Sein Werk zu tun. Wie konnte gerade meiner Familie dies widerfahren? Wenn es Gott wirklich gab und Er nur im geringsten Gerechtigkeit übte — von Liebe und Vergebung ganz zu schweigen — wie konnte Er mir das antun? (H. Kushner, S. 10-11).

Wieso passiert mir das? Das war Kushners Frage. Vielleicht ist es heute Deine Frage. Anhand der Biographie Josefs sahen wir, daß das, was uns sinnlos erscheint, bei *dem* einen Sinn hat, der niemandem Rechenschaft schuldig ist.

Josefs verpfuschtes Leben hat Gott gründlich verändert. Wenn einer Grund gehabt hätte, den Bettel hinzuschmeißen, dann war es Josef, verkauft von seinen Brüdern, verleumdet von Madame Potifar und vergessen in einem verlausten Gefängnis! Aber Gott war nicht fertig mit ihm, und Er ist nicht fertig mit Dir! Josefserfahrungen machen aus einem Niemand einen Jemand, wenn wir erkennen, daß auch in zerbrochenen Träumen und unmöglichen Situationen Gott am Werk ist.

Als Projekt überdenke die folgenden Vorschläge:

1. Die Prüfung meines Glaubens:

Man kann nicht schwimmen, ohne naß zu werden. Das Maß Deines Glaubens läßt sich einzig und allein in der Praxis testen. Vielleicht stehst Du im Moment gerade auf dem Prüfstand! Wie reagierst Du? Verärgert? Selbstmitleidig? Verbittert? Setze Dich mit einem Bleistift hin und nimm Dir Zeit zum Nachdenken:

— Wo werde ich im Moment getestet?

_____

— Welches ist meine Reaktion auf diese Umstände?

_____

— Wie könnte ich mich weiser verhalten?

_____

— Was möchte Gott mir eventuell mit dieser Situation zeigen?

_____

— Wer hat ähnliches erlebt und könnte mir helfen?

_____

Studiere 1. Petrus 4,12-16.

2. Die Förderung meiner Standfestigkeit

— Frage Dich: Wie belastbar bin ich? Zutreffendes bitte
  unterstreichen:
  gar nicht / sehr wenig / mäßig / mittelmäßig / über-
  durchschnittlich.
— Überlege als nächstes: Habe ich die Tendenz, Drucksituationen in meinem Leben auszuweichen?
  nie / selten / manchmal / ziemlich oft / regelmäßig /
  fast immer.
— Tausche Dich mit jemandem aus über eine Situation,
  die Du erlebt hast, in der Dein Glaube geprüft wurde
  und die Qualität der Stabilität ein sichtbares Resultat
  war. Was hat Dir in dieser Lage geholfen, nicht davonzurennen und nicht passiv zu resignieren?

Studiere Römer 5,3-5.

3. Die Entwicklung meines Charakters:

Wenn das Christentum zu Hause nichts taugt, dann
taugt es überhaupt nicht. Charakter zeigt sich am sicher-
sten im Umgang mit denen, die Dich am besten kennen.
Bitte Deinen Ehepartner oder jemanden, den Du hinter
Deine Kulisse gucken läßt, Dir einen sanften Tip zu
geben. An welcher Charakter-Eigenschaft solltest Du
bewußt arbeiten? Laß mit Dir reden, und werde nicht
böse, wenn Du eine ehrliche Antwort bekommst!

Studiere 2. Petrus, 1,3-8.

Wie kann ich mich ändern?

Mitten in der Nacht stand Jakob auf und überschritt
mit seiner ganzen Familie an einer seichten Stelle den
Jabbokfluß. Seine Frauen und Nebenfrauen, die elf
Söhne und alle seine Herden brachte er glücklich auf
die andere Seite. Nur er allein blieb zurück.
Da trat ihm ein Mann entgegen und kämpfte mit ihm
bis zum Morgengrauen. Als der andere sah, daß sich
Jakob nicht niederringen ließ, gab er ihm einen Schlag
auf das Hüftgelenk, so daß es sich ausrenkte. Dann
sagte er zu ihm: »Laß mich los; es wird schon Tag!«
Aber Jakob erwiderte: »Ich lasse dich erst los, wenn du
mich gesegnet hast.«
»Wie heißt du?« fragte der andere, und als Jakob seinen
Namen nannte, sagte er: »Du sollst von nun an nicht
mehr Jakob heißen. Du hast mit Gott und mit Menschen gekämpft und hast gesiegt; darum wird man dich
Israel nennen.«
Jakob bat ihn: »Sag mir doch deinen Namen!« Aber er
sagte nur: »Warum fragst du?« und segnete ihn.
»Ich habe Gott selbst gesehen«, rief Jakob, »und ich lebe
noch!« Darum nannte er den Ort Penuël.
(1. Mose 32,23 - 31).

Ein bekannter Chirurg besuchte über das Wochenende
seinen Zwillingsbruder, der gerade eine Pfarrstelle auf
dem Land bekommen hatte. Als er einen Spaziergang
durchs Dorf machte, gratulierte ihm ein Gemeindemit-
glied zu seiner Sonntagspredigt. »Tut mir leid, Sie enttäuschen zu müssen«, erwiderte der Chirurg. »Ich bin nicht
der Bruder, der predigt; ich bin der, der praktiziert.«

Zwischen Predigt und Praxis zeigt sich oft ein Unterschied. Praktiziertes Christentum möchte Veränderungen auslösen. Die Frage stellt sich uns: Wie entsteht eine dauerhafte Veränderung in unserem Leben?

Ein Psychologe hat folgende Beobachtung gemacht: »Drei Dinge sorgen dafür, daß ein Mensch den Wunsch verspürt, sich zu ändern: erstens hinreichender Schmerz, zweitens eine langsame Art der Verzweiflung, auch Mißvergnügen oder Langeweile genannt, und drittens die Erkenntnis, daß er sich ändern kann.«

Veränderung ist möglich — das ist auch die ermutigende Botschaft der Bibel. Dem gegenüber steht unser eigener Erfahrungshorizont, und der läßt uns manchmal zweifeln. Festgefahrene Gewohnheiten sind enorm schwer zu korrigieren. Nach einer bestimmten Zeit bekommen wir den Eindruck: Ich bin, wie ich bin, und ich bleibe, wie ich bin; ich kann nicht aus meiner Haut heraus, ich kann nicht über meinen Schatten springen! Dann stellt sich die Frage:

1. Wieso kann ich mich nicht ändern?

Der Wunsch wäre da, ich sehe die Notwendigkeit ein. Die Frage ist nur: Wie? Wie schaffe ich es?

Ich fühle mich so kraftlos! Ich lese Bücher, ich höre Vorträge und Kassetten, besuche Seminare und Konferenzen, und am Ende bleibt doch alles beim alten. Sicher, ich mache einen neuen Anfang, und für etwa zwei Wochen bin ich wirklich motiviert. Aber nachher ist es vorbei, die neue Idee hat keine permanente Wirkung. Ich falle zurück in meinen alten Trott!

Kennst Du das auch? Wie bricht man aus?

Eine permanente Veränderung kommt nicht von außen, sondern von innen. Sie ist ein Werk Gottes. Das Neue Testament schreibt dem Geist Gottes die Fähigkeit zu, unseren Charakter zum Positiven hin zu verändern:

> Der Geist Gottes dagegen läßt als Frucht eine Fülle von Gutem wachsen, nämlich Liebe, Freude, Frieden, Geduld, Freundlichkeit, Güte, Treue, Nachsicht und Selbstbeherrschung (Galaterbrief 5,22-23).

Hier geht es um Eigenschaften, die das Zusammenleben mit anderen erleichtern. Mit Menschen, die sich ehrlich so verhalten, haben wir gern Umgang.

Interessant ist, daß in diesem Text von »Frucht« und nicht von Bemühung die Rede ist. Frucht ist das Resultat eines wachstümlichen Prozesses, sie entsteht organisch. Weiter: Es ist nicht die Rede von der Frucht *des Christen*. Nicht *wir* bringen die Frucht, sondern *er,* der Geist Gottes.

Das ist kein spitzfindiger Unterschied. Wenn durch eine innere Umkehr Gottes Geist wirklich in einem Menschen wohnt, dann ist es die Aufgabe dieses Menschen, Veränderung *zu wollen*. Die Umgestaltung selbst nimmt Gott vor, aber wir müssen sie an uns in Form eines Wachstumsprozesses erlauben.

Veränderungen gibt es in allen Schattierungen:

2. Varianten im Spektrum

* *Die erniedrigende Veränderung:* Matthäus 27,3-5. Nachdem Judas Christus verraten hatte, sah er den Schaden,

den er angerichtet hatte. Seine Einstellung änderte sich, doch seine Reue kam zu spät.

* *Die erbetene Veränderung:* 1. Samuel 1,9-28. Hanna war wegen ihrer Kinderlosigkeit deprimiert. Der Gott Israels erhörte ihre Bitte und veränderte ihr Leben durch die Geburt von Samuel.

* *Die erzwungene Veränderung:* Richter 16,1-31. Simson war ein Mann mit einer ausgeprägten Schwäche für Frauen. Er war von Geburt an ein Gottgeweihter mit außerordentlichem Potential, aber sein Triebleben hat eine tragische Wende in seinem Leben erzwungen.

* *Die erarbeitete Veränderung:* Matthäus 19,27. Petrus fragte Jesus: »Du weißt, wir haben alles aufgegeben und sind mit dir gegangen. Was bekommen wir dafür? Gott bemißt Leistung und Belohnung nicht nach kommerziellen Gesichtspunkten. Trotzdem honoriert er den Gehorsam der Jünger — damals wie auch heute.

* *Die erweckte Veränderung:* Apostelgeschichte 16,13-15. Von Lydia wird berichtet: »Der Herr weckte ihre Aufmerksamkeit, und sie hörte genau zu, als Paulus sprach.« Hier bewirkte Gott eine erweckliche Veränderung. Lydia wurde die erste Christin auf dem europäischen Kontinent während der zweiten Missionsreise des Apostels Paulus.

Gott hat viele Möglichkeiten, um in unser Leben einzugreifen. Ein weiteres, alttestamentliches Beispiel wollen wir uns genauer ansehen.

3. Anatomie einer Umkehr

Im 1. Mose 32 ist der Prozeß beschrieben, den Gott benützt, um einen Wandel auszulösen. Im Leben Jakobs gab es ein Ereignis, das für ihn zum Wendepunkt wurde. Es ist ein dramatisches Beispiel dafür, wie Gott auch uns heute zur Änderung bewegt.

Jakob war ein recht hinterlistiger Kerl. Schon das Wurzelwort seines Namens bedeutet »hintergehen« oder »betrügen«. Aber dieser Mann Jakob hat eine Veränderung erlebt, die ihn total verwandelte. Aus Jakob wurde Israel, der Mann, nach dem später die gesamte Nation Israel benannt wurde.

Der Bericht über Jakob ist eine echte Ermutigung. Seine Erfahrung zeigt, daß Veränderung möglich ist; wir müssen nicht ewig an unseren alten Gewohnheiten hängenbleiben. Gott will uns helfen, unsere Schwächen zu überwinden — wenn wir ihn lassen.

Was hat ein Ringkampf, der vor dreitausend Jahren stattgefunden hat, mit der Veränderung meines Verhaltens heute zu tun? Nun, die Erfahrung Jakobs gibt uns Erkenntnis darüber, wie Gott Änderung bewirkt. Sie geschieht in vier Phasen:

1) Die Hindernis-Phase

> Da trat ihm ein Mann entgegen und kämpfte mit ihm bis zum Morgengrauen. Als der andere sah, daß sich Jakob nicht niederringen ließ, gab er ihm einen Schlag auf das Hüftgelenk, so daß es sich ausrenkte (1. Mose 32,25-26).

Die erste Phase ist eine handfeste Krise. Jakob wird, ohne daß er zunächst weiß, mit wem er es zu tun hat, in einen Ringkampf verwickelt. Es ist ein sehr merkwürdiger Kampf mit einem geheimnisvollen Sparring-Partner. Zuerst heißt es, daß der Gegner Jakob nicht überwältigen konnte: Also ist Jakob stärker als er. Aber dann wird durch eine bloße Berührung Jakobs Hüftgelenk verrenkt. Das ist mit reiner Menschenkraft unmöglich, also ist der Gegner stärker als Jakob.

Wer ist der mysteriöse Angreifer? Es ist kein anderer als Gott, der Herr selbst (1. Mose 32,29).

Warum ringt Gott mit Jakob? Wir sehen die Antwort aus dem Ergebnis des Ringkampfes. Das Hüftgelenk Jakobs wird verrenkt, und damit verliert er seine Kraft. *So wird das Hüftgelenk ein Bild von unserer eigenen Kraft und von unserer eigenen Selbständigkeit.* Gott hat das Hindernis im Leben Jakobs bewirkt und benützt, um seine Unabhängigkeit zu zerstören.

Wieso die ganze Kampfszene? Wenn Gott uns verändern will, dann muß er zuerst unsere Aufmerksamkeit haben. Die bekommt er, indem er uns in frustrierende Situationen bringt, wo wir keine eigene Kontrolle mehr ausüben können. Gott gebraucht Hindernisse, Krisen und Schwierigkeiten, um uns auf die Veränderungen vorzubereiten, die er mit uns im Sinne hat.

Der Psalmist hat das so formuliert: »Bevor ich leiden mußte, ging ich irre; jetzt aber tue ich, was du befiehlst« (Psalm 119,67). Viele von uns würden sich niemals verändern, wenn Gott nicht unsere behagliche Situation durcheinanderbrächte, wie ein Adler, der die Zweige seines Nestes auseinanderreißt, um die Jungen zum Fliegen zu bewegen.

2) Die Erkenntnis-Phase

Dann sagte er zu ihm: Laß mich los; es wird schon Tag! Aber Jakob erwiderte: Ich lasse dich erst los, wenn du mich gesegnet hast (1. Mose 32,27).

Wieso konnte Gott Jakob zuerst nicht überwinden? Jakobs Wille war ungebrochen! Er hielt an seinem Ich mit aller Kraft fest und wehrte sich bis zum Äußersten. *Erst als Jakobs eigene Kraft zerstört war, erkannte er Gottes Kraft.* Gott mußte Jakob verletzen, um ihn zu verändern!

Jakob hat in der zweiten Phase erkannt, mit wem er es zu tun hat, und jetzt läßt er plötzlich nicht mehr los. Er will gesegnet werden um jeden Preis. Das ist durchaus verständlich. Als Jakob dämmerte, was sich da abspielte, da tat er das einzig Richtige — er klammerte sich an den, der Macht hat über jede Schwierigkeit.

Wie kann ich mich je verändern? Erstens: Indem ich Hindernisse nicht als Ärgernisse sehe, sondern als Gelegenheit, die Gott mir zum Wachstum gibt. Zweitens: Indem ich erkenne, ich brauche Gottes Hilfe. Selbst schaffe ich es nicht.

Jesus hat im Gleichnis vom wahren Weinstock gesagt: »Ich bin der Weinstock, und ihr seid die Reben. Wer in mir lebt, so wie ich in ihm, der bringt reiche Frucht. Denn ohne mich könnt ihr nichts vollbringen« (Johannes 15,5).

3) Die Bekenntnis-Phase

Jener fragte: Wie heißt du? Jakob, antwortete er (1. Mose 32,28).

Was war der Zweck dieser Frage? Wenn Jakobs Sparring-Partner Gott in einer menschlichen Erscheinungsform war, dann muß er ja gewußt haben, wie Jakob hieß. Wieso also die Frage?

In der dritten Phase der Veränderung geht es um ein Bekenntnis. Jakob soll seinen Charakter anerkennen, indem er seinen eigenen Namen ausspricht – und der bedeutet »Betrüger« oder »Schieber«. Jakob wurde an seine zwielichtigen Machenschaften mit seinem Bruder Esau erinnert. Als Gott ihn fragte: »Wer bist du, Jakob?« da mußte er zu seinem Charakter und seiner Schwäche stehen.

Das ist ein wichtiger Schritt in dem Veränderungs-Prozeß, den Gott mit uns vorhat. Veränderung geschieht erst da, wo ich ehrlich werde mit mir selbst und zugebe, daß einiges krumm und verbogen ist in meinem Leben. Wer nicht dazu stehen kann, daß er ein Problem hat, kann auch nicht an einer Lösung arbeiten. Gottes Hilfe ist erst da möglich, wo ich meine Fehler und meine Schwächen zugebe.

Jeremia hat gebetet:

> Wir wissen es, Herr, und geben es zu: Wir sind vor dir schuldig geworden, wir und unsere Väter (Jeremia 14,20).

Viel einfacher als bekennen ist vertuschen, so tun als sei nichts. Es braucht Demut die Karten offen vor Gott auf den Tisch zu legen und zu sagen: Gott ich habe versagt, ich brauche Deine Hilfe! Aber da wo wir das tun, da ist die Voraussetzung zur Veränderung gegeben.

4) Die Zugeständnis-Phase

Gott begann Jakob zu verändern, sobald er bekannte, wer er wirklich war. Dem Ort der Begegnung mit Gott gab Jakob einen speziellen Namen:

> Ich habe Gott selbst gesehen, rief Jakob und ich lebe noch! Darum nannte er den Ort Penuël (1. Mose 32, 29-31).

Penuël (Pniël, Pnuël) bedeutet: »Angesicht Gottes«. Jakob sah Gott von Angesicht zu Angesicht. Jeder von uns muß früher oder später Gott gegenübertreten – und wo das geschieht, wo wir dem wahren Gott begegnen, da kann er uns verändern.

Jakob hat in Penuël seine eigene Schwäche eingesehen und dem Herrn ein Zugeständnis gemacht. Von jetzt an soll *er* die Kontrolle über sein Handeln übernehmen.

Jakob wurde nicht aufgefordert, sich mehr anzustrengen und seine Willenskraft zu verdoppeln. Bloße Willenskraft bewirkt keine bleibende Veränderung. Eine innere Motivation war nötig. Die persönliche Veränderung Jakobs war so permanent, daß Gott sogar seinen Namen änderte, von *Jakob* (»dem Betrüger«) zu *Israel* (dem »Kämpfer Gottes«). Der neue Name spricht von einem neuen Zugeständnis und von einer neuen Zukunft.

Als Jakob bei Sonnenaufgang vom Kampfplatz in Penuël wegging (1. Mose 32,32), da hinkte er. *Seine Behinderung war ein bleibendes Zeugnis seiner Veränderung.* Der Hüftmuskel ist einer der stärksten Muskeln im menschlichen Körper. Gott verletzt Jakob an seiner stärksten Stelle, um ihn für den Rest seines Lebens daran zu erinnern, daß er nicht mehr in seiner eigenen Stärke, sondern in der Kraft Gottes leben soll.

4. Eine junge Anwendung einer alten Wahrheit

Was hat die Geschichte Jakobs mit meinem eigenen Leben zu tun? Einiges!

So wie Gott Jakobs Potential gesehen hat, obwohl der ein Betrüger war, so sieht er auch Dein Potential trotz aller Schwächen.

Jakob neigte dazu, vor Schwierigkeiten davonzulaufen. Das kennen wir doch auch, das ist ja menschlich! Veränderungen können unangenehm werden, da ist abhauen einfacher als anpacken! Gott hat Jakob verletzt, so daß er nicht mehr abhauen konnte. Für den Rest seines Lebens muß er seinen Problemen ins Gesicht sehen.

Wie ist das bei Dir? Hast Du Dir angewöhnt, Veränderungen zu vermeiden und vor Gott davonzulaufen, wenn es zu persönlich wird? Gehörst Du zu denen, die ihre Schwächen entschuldigen und ihre Schwierigkeiten rechtfertigen?

Ausweichen ist die billige Tour. Anpacken und mit Gott ehrlich werden braucht Mut; aber es ist die Voraussetzung für eine bleibende Umkehr.

Jesus kam nicht, um Dich zu verurteilen, sondern um Dich zu verändern! Diese Veränderung beruht auf seiner Vergebung. Er möchte Dich in seine Familie aufnehmen. Aber das ist nur möglich, wenn Du Dich ihm anvertraust.

Vielleicht hast Du diesen Schritt schon längst vollzogen — und bist frustriert, daß in Deinem Leben sich so wenig geändert hat. Nun, du hast eine Wahl. Es ist nie zu spät, um neu anzufangen! Du bist nie ein Versager, solange Du nicht aufgibst!

Fassen wir zusammen: Verhaltensveränderung geschieht in vier Phasen:

— Begreife Deine Schwierigkeiten als Gelegenheiten zum Wachstum.
— Erkenne, daß Du es selbst nicht schaffst und Gottes Hilfe brauchst.

- Steh zu Deinen Schwächen und bekenne sie ohne Beschönigung.
- Übergib Gott die Kontrolle über diese speziellen Lebens-Bereiche.

Zur Vertiefung:

Was möchtest Du an Dir selbst am dringlichsten verändern?

Wer unwillig ist, sich zu ändern, der führt ein tragisches Leben. Die Fähigkeit, umzudenken, ist ein Kennzeichen einer wachsenden Person. Was lebt, das verändert sich. Menschen, die in ihrem Verhalten festzementiert sind, muß man als lebende Fossilien bezeichnen. Das ist ein trauriger Zustand!

Zurück zur Frage: Was möchtest Du in Deinem Leben permanent verändert sehen? Welcher Bereich muß anders werden? Vielleicht ist es eine Gewohnheit. Vielleicht eine Schwäche. Vielleicht eine Charakterschwierigkeit. Vielleicht ein Fehlverhalten, das Dir langsam aber sicher über den Kopf wächst. Was auch immer: Willst Du die Situation verändert sehen? Dann überdenke doch die folgenden Vorschläge:

1. Begreife Deine Schwierigkeit als Gelegenheit zum Wachstum.

- Notiere auf einem separaten Blatt Papier, was in Deinem Leben am dringendsten geändert werden muß. Sei dabei möglichst konkret.
- Vermerke, wie Du schrittweise vorzugehen gedenkst.

— Ziehe jemanden ins Vertrauen und bitte diese Person, Dich in bestimmten Abständen nach Deinen Fortschritten zu befragen. (Studien haben gezeigt, daß ein neues Verhalten täglich wiederholt werden muß, während mindestens sechs Wochen, bis es zu einer festen Gewohnheit wird!)
— Studiere 2. Petrus 3,18.

2. Erkenne, daß Du es selbst nicht schaffst und Gottes Hilfe brauchst.

— Notiere auf demselben Blatt Papier die Hürden, mit denen zu rechnen ist, wenn Du Deinen Entschluß wirklich durchziehst.
— Denke einmal nach: Hast Du es schon erlebt, daß sich in Deinem Alltag etwas verändert hat durch den Einfluß von Gottes Wort oder den Rat eines anderen Christen? Wenn Dir kein Beispiel einfällt, befrage einen anderen Christen und laß Dich ermutigen.
— Studiere Epheser 3,19-21.

3. Steh zu Deiner Schwäche und bekenne sie ohne Beschönigung.

— Mach diese Woche an einem Abend einen Spaziergang — sei wie Jakob damals bewußt allein — nur Du und Dein Gott. Laß Deinen Spaziergang ein Beichtgang sein.
— Studiere 1. Johannes 2,1-2.

4. Übergib Gott die Kontrolle über diesen Lebensbereich.

— Bekenntnis allein genügt nicht, es braucht auch ein Zugeständnis. Ein Herrschaftswechsel muß stattfinden. Nimm Dir diese Woche Zeit zum Gespräch mit Gott. Sag ihm, daß Du ihm die Zügel übergibst und daß Du willig bist, Dich von ihm so verändern zu lassen wie er es will.
— Lies im Buch »Zurück zur ersten Liebe« von Gordon MacDonald das Kapitel 17 über die geistliche Leidenschaft, Seite 155-165.
— Studiere Römer 6,6-7.

Ein Schlußgedanke

Vielleicht befindest Du Dich momentan in einer schwierigen Situation, die hier nicht angesprochen wurde. Oder es könnte sein, daß Deine persönliche Lage so verfahren ist, daß Du tiefergreifende Hilfe brauchst.

Wenn das der Fall ist, laß Dich nicht unterkriegen. Es ist nie zu spät, um aus einer Schwierigkeit eine Möglichkeit zu machen. Umstände lassen sich nicht immer ändern, aber Deine Einstellung kann sich verbessern. Es gibt Leute, die bereit sind, Dir dabei zu helfen. Bitte wende Dich an folgende Kontaktadresse:

Deutschland:

Deutsche Gesellschaft für
Biblisch-therapeutische Seelsorge
Justinus-Kerner-Weg 1
W-7053 Kernen-Stetten

Schweiz:

Schweizerische Gesellschaft für
Biblisch-therapeutische Seelsorge
Ländli
CH-6315 Oberägeri

An den Leser

*Deine persönlichen
Erfahrungen interessieren mich.
Wenn Du Deine Antworten auf irgendeine
der Vertiefungsfragen in diesem Buch berichten
möchtest, oder wenn Du mir Deine Ansicht zu einem
der Themen, die hier aufgeworfen wurden, schreiben willst,
würde ich mich freuen, von Dir zu hören. Bitte schicke Deine
Post an folgende Anschrift:*

*Harry Müller
Postfach 455
CH- 8047 Zürich*

hänssler

Von Harry Müller erschienen außerdem im Hänssler-Verlag:

Harry Müller

Karriere, Kommerz und Kohle

Wie man arbeitet und trotzdem lebt
Tb, ca 128 S., Nr. 56.894, ISBN 3-7751-1854-3

* Leben für das Wochenende?
* Karriere als Schicksal?
* Erfolg: Ellbogen plus Vitamin B
* Der Boß: Dinosaurier im Angriff
* Mitarbeiter — der Tanz mit dem Stachelschwein
* Terminkalender: Tyrannei des Dringlichen
* Leistung: Burnout, das Spiel ohne Grenzen
* Gesundheit: Relaxen ohne Reue

Stolpersteine im Leben, Stolpersteine im Beruf. Diese beiden
Bücher zeigen, wie man Bausteine aus ihnen macht.

Bitte fragen Sie in Ihrer Buchhandlung nach diesem Buch!
Oder schreiben Sie an den Hänssler-Verlag, Postfach 1220,
W-7303 Neuhausen-Stuttgart.

hänssler

Harry Müller

Weil Du Du bist

Befreite und erfüllte Sexualität
Tb., 128 S., Nr. 56.863, ISBN 3-7751-1597-8

Geschlechtliche Wesen — auf ein Du angelegt — wir alle kennen diese Spannung! Wie gehen wir mit sexuellen Phantasien um? Wie überlebt man als Single? Ist Treue ohne Langeweile möglich?
Ein Buch aus der Praxis für die Praxis. Für Paare und (noch oder endgültige) Singles. Befreite und erfüllte Sexualität — es gibt sie!

Harry Müller

Eheseminar mit Pfiff

Damit die erste Ehe die einzige bleibt
Tb., 128 S., Nr. 56.878, ISBN 3-7751-1710-5

Liebe die rastet, rostet. Wie schafft man es, über Jahre und Jahrzehnte hinweg eine befriedigende und krisenfeste Ehe zu führen? Ohne Eiszeit in der Liebe und Midlife-Torschluß-Panik? Auch der Umgang mit dem Geld, mit dem Nachwuchs und sogar mit der Schwiegermutter ist lernbar.

* Kommunikation lernen
* Sexualität entdecken
* Kindererziehung
* Umgang mit Geld
* Ehekrisen
* Schwiegereltern

Ein Ratgeber speziell für Ehepaare — jüngere wie schon etwas ältere.

Bitte fragen Sie in Ihrer Buchhandlung nach diesen Büchern! Oder schreiben Sie an den Hänssler-Verlag, Postfach 1220, W-7303 Neuhausen-Stuttgart.